ちくま新書

# 風俗嬢のその後

坂爪真吾
Sakatsume Shingo



1847

# 風俗嬢のその後【目次】

# はじめに

不特定多数の相手の前で服を脱ぎ、裸になる仕事＝性風俗の仕事に従事する女性たちは、いつの時代も世間の関心を集める存在である。

女性差別や性的搾取、男女間の経済格差の象徴として、ネガティブな形でクローズアップされることもあれば、世間の注目と破格の収入を得られる華やかな仕事、女性が自らの意思で選び取った仕事として、ポジティブな形で語られることもある。

特定少数の相手の前で服を脱ぎ、金銭を介して性的な関係を結ぶ女性たちも、「愛人契約」「援助交際」「パパ活」など、時代によって名称は変化しているが、同様に世間の関心を集める存在であり続けている。

女性たちが脱ぐことを決意するに至った理由、及び脱ぐ仕事をする過程でぶつかる困難や悲劇については、これまで多くのメディアや書き手によって言語化されてきた。

一方で、彼女たちが脱ぐことをやめた後の人生について、スポットライトが当たることはほとんどない。加齢とともに需要と収入が減っていく性風俗の世界では、どんな女性も、いつかは必ず「脱がずに生きる」ことを余儀なくされる日が来る。風俗嬢として生きる期間よりも、「元」風俗嬢として生きる期間の方が、圧倒的に長い。

しかし、一生のスパンで見ればごく短い期間であるにも関わらず、「脱ぐ仕事をしていた」という事実、及びそれに伴う記憶や経験は、その後の人生に長期にわたって影を落とすことも少なくない。

性風俗の仕事は、水商売も含めて、当事者の間では「夜職《よるしょく》」と呼ばれている。夜職の世界では、昼職《ひるしょく》の世界（一般の仕事やアルバイト）では決して得られないような破格の金額を、ごく短時間で稼ぐことができる。ＡＶの仕事やパパ活などの個人売春についても同様だ。

その一方で、夜職の世界では、未来につながるキャリアを積み上げていくことが難しい。手持ちの資源である自らの若さや肉体、時間をただ切り売りしていくだけの働き方になってしまいがちだ。履歴書の空白を埋められず、金銭感覚のズレを修正できないまま、気がつけば五年、十年という時間があっという間に過ぎてしまう。

加齢と共に収入が右肩下がりになる中で、「昔はあれだけ稼げたのだから」という過去の記憶に縛られて、店舗の掛け持ちや移籍を繰り返しているうちに、昼職への移行はますます困難になり、孤立は深まっていく。稼げなくなった結果、夜職の世界からも排除されてしまい、社会の中で行き場や居場所を失ってしまうこともある。

私が設立に携わったNPO法人風テラスでは、性風俗や売春に従事する女性の無料生活・法律相談窓口を運営している。二〇一五年に事業を開始して以来、これまで延べ一万人を超える女性の相談を受け、弁護士とソーシャルワーカーの相談員が、一人ひとりの悩みと不安に寄り添いながら、解決策を一緒に考える手伝いをしてきた。

女性たちから寄せられる相談の中で、かなりの割合を占めているのが、セカンドキャリアに関する悩みだ。

「夜職で働いていた期間が長いため、履歴書の空白が埋められない」「収入が大幅に減ってしまうことが不安で、なかなか昼職に移行できない」「昼職が長続きせず、また夜職に戻ってきてしまった」など、多くの女性が不安と混乱の中で立ちすくんでいる。

夜職に従事している女性がセカンドキャリアをうまく築くことができないと、本人だけでなく、その子どももまた、社会的に孤立・困窮してしまうリスクがある。

彼女たちが夜職を円満に卒業し、スムーズに昼職に移行することをサポートする仕組みを構築することができれば、社会的孤立の解消と次世代への貧困の連鎖を断ち切る上での大きな一歩になるはずだ。

「元」夜職の女性たちの中には、昼職へのスムーズな移行に成功した人や、夜職で得た収入を活用して、自らの夢を実現させた人もいる。自分の過去に折り合いをつけ、周囲の偏見を乗り越えて、未来に向かってたくましく生きている人もいる。

本書では、かつて性風俗の仕事に従事していた十三名の女性たちへのインタビューを通して、この仕事をはじめたきっかけ、やめたきっかけ、やめた後の生活やキャリアなどを聞き取りながら、以下の二つの問いについて考えていく。

**問い❶**　性風俗とは何か、どのような存在なのか

**問い❷**　現代社会の中で、女性が性風俗に頼らず、経済的・社会的・精神的に自立して生きる（脱がずに生きる）ためには、どのような条件が必要になるのか

**問い❷**に答えるためには、そもそも「脱ぐ仕事」である性風俗とは何か、どのような存在なのかという**問い❶**に答える必要がある。れっきとした「職業」なのか。太古の昔から連綿と続く「文化」なのか。それとも、許しがたい「搾取」なのか。

この問いに一定の答えを出すことができれば、どのような事情を抱えた女性が性風俗の世界に引き寄せられるのか、そしてどのような条件を満たせばこの世界から卒業できるの

か、ということも、自ずと導き出されるはずだ。

第一章では「就労」、第二章では「自ら設定した目標の達成」、第三章では「パートナーの獲得」という切り口から、「脱がずに生きる」ことを実現するための条件、及び課題を考えていく。第四章では、それまでの分析を踏まえて、二つの問いに対する答えを提示したい。

脱ぐ仕事とは、言い換えれば、自分自身を売る仕事である。社会の中で孤立・困窮した人にとって、自分自身の身体と時間は、唯一にして最後の商品になる。

しかし、商品としての自分には、「唯一無二であるが、誰もが持っている」という矛盾がある。かけがえがないからこそ、ありふれている。つまり、唯一にして最後の商品であるにもかかわらず、あっという間に市場で消費され、使い捨てられてしまうリスクがある、ということだ。

現在、働き方の多様化が進む一方で、料理宅配サービスの配達員などのギグワーカー（インターネット上のプラットフォームを通じて単発の仕事を請け負う労働者）や、空き時間を活用して働くスポットワーカー（単発・短時間・短期間で働き、継続した雇用関係のない労働者）が増えている。ＡＩに人間の仕事が奪われていく中、望まない形で自分を切り売りするしかない状況に追い込まれる人は、これからますます増えるだろう。

そうした中で、自分自身を切り売りせずに生きるための方法を考えることは、すべての働く人にとって、意味のある時間になるはずだ。

様々な理由で脱ぐこと、自分自身を売ることを決意した女性たちが、性風俗に頼らずに生きることができるようになった経緯と条件を明らかにすることができれば、夜職に従事している女性のみならず、社会全体の孤立や困窮を解消するためにも、大きなプラスになると考えている。

本書に登場する十三名の女性たちの言葉や生き様が、あなた自身、もしくはあなたの大切な人が「脱がずに生きる」ためのきっかけになることを願う。

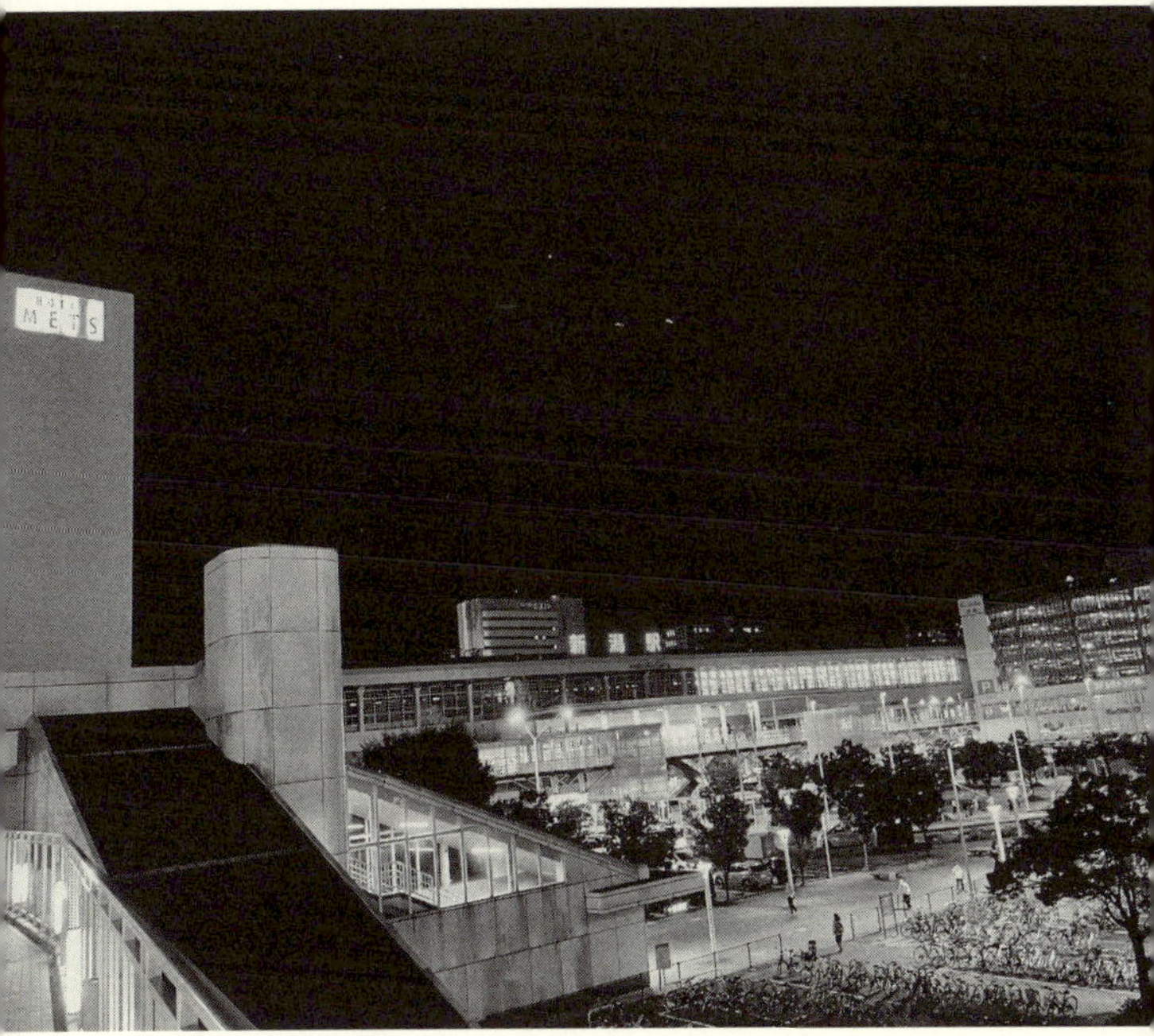


第一章
# 自分を傷つけずに働ける場所

## 1　自分の名前で呼ばれて仕事をして、やりがいを感じたかった

佳菜子さん（仮名・三十七歳・パート社員）は、高校卒業後、美容師の専門学校に進学。生まれ育った土地を離れて、都市部で一人暮らしを始めた。専門学校を卒業後、美容室で働きはじめたが、人間関係やメンタルの問題などが重なり、一年でやめることになった。

### †これからどうやって生きていこうか

「現在、私は大人の発達障害のＡＤＨＤ（注意欠陥・多動障害）の診断を受けています。美容師として働き始めて一年ほどで、うつ状態になってしまい、休職した後に退職しました。

まだ二十二歳だったので、これからどうやって生きていこうか……と悩みました。発達障害に関する情報も、社会的な認知度も全くない時代だったので、障害年金などの頼り方もわかりませんでした。

途方に暮れて、ひとまず、当面の収入を得るために「高収入アルバイト」として求人を出していたコンパニオン派遣の仕事の面接に行きました。そしたら、面接が始まるなり「うちはデリヘル（デリバリーヘルスの略。派遣型の性風俗店）もやっているけど、どう？」と

勧められました」

突然の誘いに対して、いったんは断ったが、やはり生活をしていくためには収入が必要だと感じて、後日自分から「働かせてください」と連絡した。働き始めた店は、標準的な価格帯のデリヘルで、普通の店よりもちょっときれいめのお姉さんが来てくれる、という点を売りにしていた。

しかし、店の空気は悪く、突然スタッフ同士で殴り合いが始まることもあった。

「いきなり灰皿が飛んできたり。右も左もわからなくて、私は本当にここにいてもいいのかな……と不安になりました」

出勤初日、スタッフから百円ショップで売っている薄い袋を渡されて、「いってらっしゃい！」と言われた。袋の中には、ローションとグリンス（殺菌消毒薬用せっけん液）とうがい薬が入っていたが、スタッフからは何も説明がなく、どの道具をいつ・どうやって使えばよいのか、さっぱり分からなかった。

最初の客は、風俗未経験の新人しか呼ばない、という男性だった。シャワーを浴びようとしたら、「客から受け取ったお金や、自分の財布などの貴重品は、部屋の中に置きっぱなしにしちゃダメ」「貴重品は常に肌身離さず、シャワー室にまで持っていかないと、危ないよ」と丁寧にアドバイスされた。

働き始めた時は、客から「本番（性器への挿入）させて」「みんなしているよ」と言われることが多く、心が折れそうになった。慣れてくると、あしらい方も身について、「これは挨拶代りなんだな」と思えるようになった。

接客の方法についても、店からは全く教えてもらえず、何をどうすればよいのか分からなかった。「素股」というサービスの方法もよくわからず、店のスタッフに聞いたら「お客さんに教えてもらって」と言われた。

「でも、お客様が教える素股は、怪しいんですよね……。自分が何も教えてもらえなかったので、新しく入ってくる子には、色々教えてあげたい、と思うようになりました」

店の顧客管理に不十分なところがあり、NGにしたはずの客のもとに、再び派遣させられてしまうこともあった。

「身バレ防止のために、自分が住んでいる地域のお客様からの依頼は受けない、という設定にすることもできるのですが、行ってみたらNGの地域の人だった、ということもありました。

これは自分でやるしかないな……と思って、毎回「お客様メモ」をつけていました。ローションやグリンスについても、スタッフが準備するものに不安を感じるようになったので、自分で用意するようにしました。

県内各地に様々な業種のお店を持っているグループだったので、源氏名《げんじな》を使い分けながら、県内各地を回って働きました」

## †やるならば、しっかりやりたい！

働き始めた当初は、店に対する不信感に加えて、接客に対する不安感もあり、思うように稼げなかった。しかし働いているうちに、自分だけではなく、客側も同じように不安を感じている、ということに気がついた。

「女の子も不安ですが、お客様も「どんな女の子が来るのだろうか」「楽しめるのだろうか」「お金が無駄にならないだろうか」と、すごく不安なんですよね。

不安だから、どうにか元を取ろうと思って、本番要求をしてくる。お客様が不安を感じる暇がないように、こちらから相手に興味を持って、どんどんコミュニケーションやサービスをしていけば、あっという間に時間が過ぎて、満足してもらえる、ということに気づきました」

こうした発見を重ねる中で、「やるならば、しっかりやりたい！」「高収入を得たい！」と考えるようになり、どうすれば客に満足してもらえるか、リピートしてもらえるかを考え、悩みながら、試行錯誤を繰り返した。

「どうやったら、お客様にマンネリせずに楽しんでもらえるかな……と考えて、個人イベントを実施することにしました。お店のイベントではなく、私個人でおこなうオリジナルのイベントです。

季節ごとに、浴衣を着たり、ハロウィンのコスプレをしたり、お菓子のつかみ取りをしたり、といった工夫をしました。

クリスマスには、私がサンタさんのコスプレをして、お客様にくじ引きをしてもらい、引いた番号のプレゼントをもらえる、というイベントもやりました。

個人イベントのことを知らずに、初めて呼んでくれたお客様の中には、「そんなこともやるんだ！」とびっくりされた方もいたけれども、面白がってもらえました。イベントだと、お客様が一人の男性として主役になれるじゃないですか。家庭や会社での役割や肩書を取り払って、子どものようにワクワクしてお菓子のつかみ取りができる時って、なかなかないですよね。もちろん、時間内はずっとお客様が主役です」

気持ちを切り替え、「また会いたいと思ってもらえるキャスト」をスローガンにして、オリジナルの個人イベントをやるようになってから、収入は一気に増えた。店の運営も、経営母体が代わって、当初の険悪な雰囲気が緩和され、内勤に女性スタッフが入るなど、働きやすくなった。そうした中で、平均月収が百万円を超えることもあった。

## †風俗は「夢をかなえる場所」

「最初に売れない時期があったからこそ、天狗にならずに済んだのかもしれません。お客様の中には、三日間通して指名してくれた人もいました。私が娘さんと同じ年齢で、同じような名前だったそうです。三日間、一緒に色々なホテルを回ったり、食事したり、お酒を飲んだりしました。料金は七二時間で百万円以上だったのですが、キャッシュで支払ってもらいました。
引っ越したばかりのお客様の家に呼ばれて、「布団がないから、毛布の上で」と言われたこともありました。家族や同居人がいない時に、自宅に呼ぶ人も多かったですね。接客中に帰ってきたらどうしよう、とひやひやしましたが……。

年齢は、十八歳から七十代まで、幅広い年代のお客様がいました。高齢のお客様は、勃起しきらない状態で、思わぬ瞬間に射精されるんですよね。風俗初体験の若いお客様が、プレイ後に緊張が解けたのか、お風呂場で仰向けにバタンと倒れてしまったこともありました。

私に官能小説を朗読させて、目の前でオナニーを始める人、戦隊モノのピンクレンジャーの衣装を持ってきて「これを着て、攻めてほしい」と依頼してくる人、お尻の穴にどこまで腕が入るのかを試したい人など、様々な性癖や趣味の人に出会って、人の探究心には終わりがないんだな……と感じました。

風俗は、男性がピュアで、無邪気でいられる場所。自分が主役になって楽しんで、帰っていける楽園のような場所だと思います。楽園にするためには、こっちから誘導してあげる必要がある。どんなことができたら、その人にとっての楽園になるのかなと考えて接客していました」

収入が大幅に増えたことで、生活には全く不自由しなくなり、稼いだお金を貯金や趣味に充てることもできるようになった。

「稼いだお金は、生活費や貯金の他に、趣味のロードバイクなどにも使っていました。ペットの猫は一番多い時で四匹いて、旅行に行く時も、費用を気にせずにペットホテルに預けることができました。

またお客様から勧められてスキューバダイビングを始めて、県内や全国のあちこちに潜りに行きました。旅行に行った先では、仲間から「なぜ二十代の女の子が、スキューバにこれだけのお金を使えるのか」と聞かれました。船の往復代やレンタルする機材などで費用がかかるので、趣味としてやるには、会社員の収入では厳しい。毎月沖縄や小笠原のツアーに行けるのはなぜ？　と聞かれて、仕事の話をしたら、びっくりはされたけれども、全く知らない世界ということで興味を持ってくれました。その後に関係が悪くなることもなかったです。私自身も、話せる相手ができて安心しました」

デリヘルで働く中で、大きなトラブルはなかった。当時はＳＮＳを使って発信する女性はまだ多くなく、地元の風俗情報サイトに写メブログの日記を書いて、宣伝・集客をする形が主流だった。

**†やめるきっかけ**

「ブログで「今海にいる」と書いたら、後日、お客様から「あの日、県内の海を全部探したよ」と言われて、びっくりしたことはありました。それでも、特定のお客様にストーカーのようにつきまとわれることはありませんでした。

匿名掲示板の爆サイに色々と書かれて、凹んでいる子は多かったです。私も見てしまい、凹んだことはありましたが、「見ない」と決めて、距離を置きました。

トラブルといえば、性感染症ですね。クラミジアや淋病《りんびょう》をはじめ、ヘルペスやカンジダにもかかりました。お店全体で検査はしっかり行っていましたが、お客様や他の女の子がかかっているのを耳にすることもありました。何度も性感染症になって休んでしまうのは困るなと、現役時代の後半は、病院で処方してもらった抗生物質と同じものをネットで買って定期的に飲んでいました」

県内にあるグループのお店をほぼすべて掛け持ちして、五つから七つの源氏名を使い分けて働いていたが、三十歳になり次第に体力の限界を感じるようになってきた。
そんな時、子宮頸がん検診を受けた際に「精密検査が必要」という結果が出たことが、デリヘルの仕事をやめるきっかけになった。

「がんになる前の「頸部軽度異形成で定期的な経過観察が必要」という診断でした。この仕事をしていることで、性感染症には他の人よりも多く感染しているし、玩具なども使っているので、知らない間に身体に負担がかかっていたのかもしれない。一生できる仕事ではないし、そろそろやめる時期なのだろうな、と感じました。
お店のスタッフに「卒業したい」と伝えたら、「本当に?」と尋ねられたけれど、無理に引き止められるようなことはありませんでした。お客様の中には、卒業の日に五万円をくれた人もいました」

デリヘルの仕事をやめることを決意し、在籍していた店もいったん退店したが、店のスタッフや女の子たちとのつながりは残っていた。やめた後、店の仲間たちから花火大会とバーベキューに誘われた。
参加することを伝えたら、店のスタッフから「せっかく来るんだから、ついでに出勤しなよ」と言われて、一日限定で復帰することにした。その時にたまたま接客した男性が、佳菜子さんのその後の人生のパートナーになる。

「サービスが終わった後、意気投合して、そのまま一緒に花火大会に行ったんです。お店の人たちには、「お客様と一緒に行きます」と伝えて（笑）。

その後、連絡先を交換して会うようになりました。しばらくして、彼から「これから東京で仕事をする予定」と言われたので、「私も一緒に行こうかな」という軽いノリで、東京に行くことにしました。

県内全域のお店で働いていたので、このまま県内にいたら、どこかでお客様に会いそうだな……という思いもありました。地元の駅でお客様とすれ違ったこともあったので。

結果的に、生活する場所を変えられたのは良かったです。お店のスタッフとのつながりも、いつかは断ち切ったほうがいいのでは、と思っていたので。出戻りもせずに済みました」

## †パートナーと東京に移住

三十一歳の時に、パートナーの男性と一緒に東京に移住した。地方と比べ物にならないくらい物価が高かったので、外食を減らして自炊を始めた。自炊に慣れるまでは時間がかかったが、デリヘルの収入を貯金していたこともあり、経済的には大きな不安はなかった。東京では、介護の資格を取って働くことにした。

「今までやったことのない仕事で、今からでも自分にできることは何だろう、と考えて、介護の仕事を選びました。三十代でも若手として見てもらえることや、資格取得後、一定期間働いたらお金が返ってくる制度があったことも大きかったです」

介護の仕事をすることに決めた後も、短期間だけ、都内でメンズエステやレンタル彼女の仕事をした。

「都内のデリヘルで働くのは怖かったので、自分が攻められることのないメンズエステを選びました。ですが身体を使う仕事なので、体力面で厳しかったです。売れている子はきわどいサービスをしていたので、そうしないと稼げない世界なのかな……と感じて、短期間でやめました。

レンタル彼女の仕事も、稼げないわけではなかったのですが、自分の中でモヤモヤするものがあって……こういう仕事をするのは、そろそろ違うな……というか。

三十代になるまで、ほぼ源氏名で仕事をしてきたので、自分の名前で呼ばれて仕事をして、やりがいを感じたいという気持ちが湧いてきました。源氏名を使って作られた世界観の中で演技をするのではなく、これから先は本名で働きたい、という意思が固まっていきました」

## †源氏名を捨てたあと

源氏名で働くことを完全にやめられたのは、三十四歳の時だった。

「風俗の仕事をやめてから、自分の身体をいたわってあげられるようになりました。性感染症の心配もしなくていいようになってホッとしてます。

自分の中では、やりきった、という思いはあります。たくさん働いて、お客様にも大勢ついて頂いて、稼がせてもらったので、おなかいっぱいです。もし今風俗に戻っても、自分に何ができるのだろうか、という思いはあります。以前の続きというわけにはいきません、三十代で風俗一年生からスタートです。それに地元に戻っても泊まるところがないし、お店のスタッフも異動・転職しているので、戻らないほうが、自分のためなのかなと。

振り返ってみれば、不釣り合いな収入だったかもしれません。お金の動かし方のわからない若い女の子が、自分の好きなものだけに稼いだお金を使っている、というのは、あまり良い状態ではない。とにかくお金を稼げばいい、ということではなかったのかもしれない。きちんと貯金が残せただけでもよかったかな、と思います。東京に来てからは、スキューバダイビングも行っていません」

性風俗の仕事をしたことの副作用としては、恋愛やセックスに対する興味関心が一切無くなったことが挙げられるという。

「恋愛やセックスでドキドキしなくなりました。恋愛もセックスも、もう最初の頃の記憶がないんですよね……。どうやってドキドキしていたんだっけ、と思います。

また変な話ですが、男性を見ると性器のサイズ、女性を見るとスリーサイズを想像してしまいます。この人はSなのかな、Mなのかな、といったことを考えてしまったり。

今もパートナーとの関係はありますが、基本的に受け身です。いちゃいちゃするのが大好きな人であったらダメだったかもしれませんが、今のパートナーはスッキリできればいい、というタイプなので。ドキドキが無くなったことについては、自分自身は特に困っていないのですが、もしかしたら、パートナーには寂しい思いをさせてしまっているのかもしれません。

ただ、介護の仕事はやりやすいです。男性の介護も、特に意識せずにできるので」

やめてからは、デリヘルで働いていたことは、誰にも話していない。たまに自分の在籍していたお店のサイトを見ることがあるが、自分よりも前に入店した女性がまだ働いており、体力は大丈夫なのかな……と心配になる。

## †自分の身を自分で守るために

「現役で働いている女の子に対しては、身体の相談窓口だけでなく、心の相談窓口ともつながってほしい、と伝えたいです。身体のことに関しては、私はお店の提携先病院をかかりつけにしていました。その病院の先生は、男性だったのですが、風俗で働いていることについても、理解して話を聞いてくださる先生でした。

一方で、心の部分でつながっていられる支援機関はありませんでした。躁うつ、共依存、発達障害などのメンタルの問題については、お店は味方になってくれない。「頑張ろう」としか言ってくれない。風俗で働く女の子には、身体の専属医だけでなく、心の専属医がいてもいいんじゃないかと思います」

メンタルの問題も含めて、性風俗の世界には、「友だちに誘われて」「流されて」「頼まれて」「断れずに」といったように、自分の意思や目的がはっきりしないまま参入し、そのままフラフラと続けてしまう人が少なくない。

「自分は今、何をするためにこの場所に来ているのか、ということは、きちんと自覚しておいた方がいいと思います。やめどきもわからなくなるので、フラフラと続けるのはまずいです。（結婚相手として）お迎えしてくれる男性に出会えればよいですが、みんながそうなれるとは限らないので。

お店のスタッフやお客様からはまともな情報は出てこないです。アドバイスがあったとしても自分の人生プランに寄り添ってくれているかは、よく考えたほうがいいです。「自分の身は自分で守る！」この覚悟が必要だと思います」

デリヘルの仕事をしていたことについては、「全部ひっくるめて、良い経験をさせてもらった」と感じている。

「良くも悪くも、人生というか、人間とは何かということを知ることができた場所でした。本音や建前を含めて、男とは何か、女とは何か、性とは何か、そして自分とは何か、何のために生きているのか、と考えさせられる場所でした。身をもって体験したことが、その後の人間関係づくりに役立っています。

私自身は、問題児ではあったけど、楽しく働かせてもらいました。どうせ働くなら、楽しく働こうよ。お客様を喜ばせてあげようよ。新人の子にも、そういう風に伝えていました。

風俗って、男性にとっても、女性にとっても、ある意味で楽園なんじゃないのかなと思います。もちろん、身体を壊したり、嫌な思いをしてやめた人もたくさんいると思うので、簡単に肯定することはできませんが、こういう楽園も、あっていいんじゃないでしょうか」

## 2　昔の栄光ばかりが頭の中にあって、売れるための努力ができなかった

ゆかりさん（仮名・三十五歳）が性風俗の世界に足を踏み入れたきっかけは、飲み代の支

払いだった。

地元の高校を卒業後、県庁所在地の大学に進学して一人暮らしを始めたが、もともと勉強は好きではなく、部活動に時間を割いていた。その結果、進級に必要な単位を取ることができず、四年生に上がれなくなった時点で、「もういいや」と思って大学を中退した。

学生時代から繁華街のラウンジでアルバイトをしていたこともあり、中退後はガールズバーの仕事一本で生計を立てていた。そのうち、仕事で稼いだお金をバーで使うようになり、一回の会計が数万円を超えることもあった。支払いができないときは、店から給料を前借りして払うこともあり、「このままだとヤバいな」と感じていた。

そんな時、働いていたガールズバーと同じビルに入っていたピンクサロン（ピンサロ）のスタッフから、「やってみない？」と声をかけられた。性風俗に関する知識は全くなく、ピンサロがどういうところで、どんなサービスをするのかも分からなかったが、とりあえずお金が稼げるなら、という理由で、働くことを決意した。

流されるようにして入ったピンサロの仕事では、想像以上に稼ぐことができた。

## †想像以上に稼げる仕事

「月六十万円くらいは稼ぐことができました。実際にピンサロで働いていたのは一年ちょっとで、その後、デリヘルのほうが稼げると思って、そちらに移籍しました」

当時（二〇〇〇年代半ば）の地方都市のデリヘルは、「店に在籍しているだけで稼げる」「女性個人が営業しなくても、ひっきりなしに電話がかかってくる」という状況だった。

そうした中で、プライベートで男性との交際・別れを経験し、「風俗の仕事ではなく、ちゃんと普通の会社に就職しよう」と思い立ち、地元で会社に入って働き始めた。しかし、昼の仕事は長続きせず、一年ほどでやめることになった。

「そこから、福岡に引っ越して、中洲で箱ヘル（店舗型ヘルス）の仕事を始めました。お店は、バニラ（性風俗の求人サイト）で探しました。

福岡に行こうと思ったのは、当時、K-POPのアイドルにハマっていたので、「韓国に近いから」という理由でした。結局、韓国には一回も行かなかったのですが……」

当時は中洲の景気もよく、月収も百万には届かなかったが、コンスタントに六十万円程度は稼ぐことができた。

「職歴に空欄があるのは危ないので、普通の仕事もしたほうがいいかな……という気持ちがあり、飲食店でもバイトをしていました。そこで彼氏もできました。

稼いだお金は、食費や服で使っていたと思います。ホストに行ったりはしなかったのですが、何百万という収入ではないので、ちょっと美味しいものを食べたり、彼氏と出かけたりするとなくなってしまう、という感じでした。

働く中で、金銭トラブルやストーカーなど、大きなトラブルはありませんでした。性病はクラミジアと淋病くらいで、梅毒をもらったことはありません」

一方、プライベートでは、付き合っていた彼氏にヘルスの仕事をしていることがバレて、「やめてほしい」と泣いて懇願された。

「でも、やめませんでした。当時の自分は「風俗の仕事はすごい仕事だ」と錯覚していたので。男性を癒してあげて、世の中になくてはならない仕事である、という変なプライドがありました。そのことが原因で、彼氏とは別れました」

## †各地を転々と

二年程福岡で暮らしたが、中洲は女の子のレベルも高く、いつも稼げるわけではなかった。そんな時に、固定給で出勤時間に対して保証制度のある神戸・福原《ふくはら》の店舗型ヘルスの求人を見て、神戸に引っ越した。神戸の店で出会った女の子たちから「リゾートバイトが稼げるよ」という情報を聞いて、性風俗の仕事を一回やめて、そちらに移行した。

「リゾートバイトは、旅館の仲居さんやホテルのスタッフとして、住み込みで働く形でした。地元で一番最初に就職した会社が旅館の仲居さんだったので、仕事自体は問題なくこなすことができました。三カ月から半年程度、岐阜や長野のリゾート地で働きました。旅行しながら仕事をする、という感じでしたが、月収は二十数万円程度。風俗の仕事で金銭感覚が狂っていたこともあり、これでは足りないな……と思ってしまいました」

そこから東京に行き、五反田のピンサロで二年間働いた。

「当時の年齢が二十六歳で、普通の仕事をして、体型も元に戻ってきたので、さすがにデリヘルはキツイなと思って、レベルを落としてピンサロに行くことにしました。リゾートバイトよりは稼ぐことができました。ただ、その当時は自分がいくら稼いでいるのかも、きちんと把握していませんでした。

シェアハウスに住んでいて、その日に稼いだお金は、家賃の支払いや、友だちとのご飯代、舞台やライブを見に行って、その日のうちに使う、みたいな生活でした」

シェアハウスで同居していた女の子とは、信頼しあえる関係になり、ピンサロの仕事のことも話した。

「「ああ、そうなんや〜」という感じで受け止めてくれて。彼女とは、今でも連絡を取り合うくらい仲が良いです」

## †同業者とは仲良くならない

性風俗の仕事をする中で、同業の他の女の子とのつながりは、ほとんどなかった。

「同じ仕事をしている子と一緒にいることが好きではなかった。お互いにライバル心もありますし、素直に笑い合えないので」

地元から福岡、神戸、東京と、常に転々と移動しながら性風俗の仕事を続けてきた理由は、「一位をキープする力がなかったから」とゆかりさんは語る。

「お店での成績は良かったのですが、そのお店で稼げなくなってくると、次の店に移る、という典型的なパターンでしたね。お店を変えれば、再び「新人」として稼ぐことができるので。一位にはなれるのですが、それをキープする力がありませんでした。

一位をキープできる人は、自ら試行錯誤できる人だと思います。最初は誰でも稼げる。そこから自分で工夫して、自分で稼ぎを作っていかないといけない。見た目だけでは、リピートはつかめないので。

メンタル面が不安定になる前に、他の地域やお店に移動したり、転職したりしていました。ずっと一つのところに留まって悩むよりは、その方が良かったなと。メンタルを守る手段としての移動、でした」

その後、三十歳になった時、病気で体調を崩したため、実家のある地元の県に帰ることにした。実家に戻ってきてから、性風俗の仕事をしていたことは、自分から母と家族に全部話した。

「一応、このことは言っておかなければダメだなと思ったので。家族の反応は「そうなん」みたいな感じで、それほどショックを受けた様子もなく、説教も否定もされませんでした。以前から、薄々気づいていたのだろうと思います。現在、家族との関係は良好です」

実家に帰ってからは、性風俗の仕事は一切していない。現在は、地元のスーパーマーケットでパートとして働いている。

**†三十歳でやめられて良かった**

「私の場合、目標の金額が貯まったから、もう十分働いたから、といった理由ではなく、病気になったからやめたのですが、今になって考えると、三十歳という年齢でやめられたのは良かったです。

風俗の仕事に戻りたいとは、全く思いません。特に二十代の後半は、厳しくて辛かったので。自分で工夫しないと売れないけれど、何もしなくてもお客さんが来たという昔の栄光ばかりが頭の中にあって、売れるための努力ができなかった。そうしたタイミングでやめたので、続けようとは思わないですね。

金銭感覚については、今でもバッとお金を使ってしまうときはありますが、マイナスになることはありません。スーパーの仕事は手取りで十五万程度ですが、田舎だし、実家に住んでいるので、この収入でも特に困ってはいません」

性風俗の世界から離れたことで、ゆかりさんは、いかに自分のいた世界が異質だったか、ということに気づいた。

「風俗で働けば働くほど、他人とのつながりが薄くなり、社会から孤立していく……という感覚があります。社会の中での一般的な経済感覚、たとえば普通の人は収入がこれくらいで、家賃や趣味にこれくらいのお金を使って……といった感覚が、全く養われなくなる。そうした中で、人生が続いていく。

でも、自分がその世界の中にいると、そのことが全くわからない。自分は他の人よりも稼いでいて偉い、という感覚になりますが、実際に社会に戻ると、通用しないことが圧倒的に多い。

風俗で培ったスキルは応用しづらい。初対面の相手に対して、第一印象を良くするスキルは身につきます。ホテルの部屋の扉を開けた瞬間の笑顔とか（笑）。でも仕事の人間関係って、それだけじゃないですよね。六十分間だけの関係で、金銭が発生する特殊な空間の中で身につけたスキルは、基本的に役に立たない」

そもそも、性風俗の世界にいたときは、「働いてお金をもらう」という感覚自体がなかった。

**†それって労働じゃないから！**

「楽しく遊んでいたらお金が入る、という感じでした。労働という感覚がない。日々の仕事を自分で振り返って、心身のメンテナンスをしながら、やり方を改善していくことで、やっと労働になる。そこまでやらないと、労働とは言えない。女の子たちは、自分のやっていることは労働だと思っているかもしれないけど、それって労働じゃないから！と言いたいです。

お店で一位になること自体は、誰にでもできる。上位ランクを数年キープできる力、稼いだお金を貯金して管理する力を身につければ、それは今後に活かせると思います。

納税については、途中から「やらなきゃな」と思って、確定申告をするようになりました。税金をきちんと払っていたことは、社会に戻るためのつながりの一つになりました。きちんと納税をすることも、風俗が労働と呼べるようになるための要素の一つだと思います」


貯金に関しては、金額ではなく、まず「貯金ができる」という自信をもつことが大事である、とゆかりさんは語る。


「月に一万でいいから、自分で貯めて、管理することが大事。実際、私も貯金ゼロでやめて今に至るので、ゼロでも大丈夫だと思います。

私は今普通の仕事をしていて、風俗をしていた時に比べれば収入は圧倒的に少ないけれど、とても癒やされています。職場の人は優しいし、あったかい。働く上で、年齢制限もないし、賞味期限もない。昼の仕事はいいですよ。病気になった時にも、職場の人達が相談に乗ってくれたし、支えてくれた。

風俗の世界は、人の入れ替わりが激しいし、社会とのつながりも希薄なので、本当に困ったときに助けてもらえる、という実感がない。
風俗の仕事をしていると、「他人や社会とのつながりなんてつくらなくても、私はもうこの世界で、一人で生きていくから、別にいいんだ」と思い込んでしまいがちですが、そう考えずに、つながりをつくることに前向きになったほうがいい。誰も助けてくれないように思えても、助けてくれる人は必ずいるし、色々な支援や制度もある。少しずつでもいいので、人に頼る力を身につけてほしい」

性風俗で働いていたことを振り返ると、傷になっている部分や、失敗したなと思う部分もあるが、働いていたからできたこともある、と感じている。

「私はスタイルが良い方ではなかったので、風俗で稼いだお金でエステに通って、それで自分に自信をもつことができた部分もありました。風俗は男性にとっても、女性にとっても必要な仕事だと思います。

ただ、今の世の中では、あまりにも性風俗で働くリスクが大きい。そのリスクを減らすための方法も、具体的に何をどうすればいいのかについては、どの国も正解を出せていない。時代によって変わる風向きに合わせて、その時代ごとの最善を作っていく必要があると思います」

## 3　身体を提供しないと、人とつながれない

福祉関係の仕事をしているみかこさん（仮名・四十歳）は、父親がギャンブル・アルコール依存、母親がそのイネイブラー（よかれと思って本人の世話をしているつもりが、結果的に依存行動を強化させてしまう人）という複雑な家庭で育った。子どもの頃から「自分の家は、他の家とは違う」「家にはお金がない」ということは感じていた。

小学生の頃、父親から暴力を振るわれて、ボロボロの格好で近所に助けを求めに行ったことがあった。近所の大人たちは騒然としたが、迎えに来た父親が何事もなかったかのように振る舞い、母親もそれに迎合したため、結局みかこさんの窮状が家庭の外に伝わることはなかった。

こうした経験の積み重ねで、「大人は助けてくれない」「自分で何とかするしかない」という思いを抱くようになっていった。

援助交際を始めたのは、中学生の時だった。

### †自傷的な行為として

「中学生の時に彼氏ができて、夏に初体験をして、その後すぐに援助交際を始めました。客観的に見ると意味の分からない行動ですが、自分の中で「これはお金になる！」という感覚がありました。お金のない家だったので、お洋服が欲しかった、ということもあったのですが、今振り返れば、父から受けた性的ないたずらを思い出し、これが性的な行為だったと知ったのが初体験だったので……自分を粗末に扱う、自傷的な行為だったと思います。

友だちが携帯で男性と会う約束を取り付けたのですが、直前になって「やっぱり行かない」と言い出したので、「じゃあ、私が行くよ」と言って、代わりに待ち合わせ場所に行きました。

当時は自分の携帯を持っていなかったので、どうやって相手の男性と連絡を取ったのか覚えていないのですが、無事に会うことができました。

最初にもらったお金は、一万五千円でした。中学生にとっては大金なので、超嬉しかったです！　トイレで金額を確認したことを未だに覚えています。

その男性とは定期的に会うようになって、高校一年になってからは、一回で三万円もらうようになりました。今思えば、中学生の方が相場は高いはずですが、当時はそうしたことも知りませんでした」

その後、出会い系サイトの「イククル」などを利用して、複数の男性と会うようになった。

「高校に入ったら給食がなくなって、お昼ご飯を買うためのお金が必要になったのですが、親にお金をもらえなくて。欲しいと言えなかった。出会い系で三人くらいの男性と会えば、十万円程度は稼げるので、手持ちのお金がなくなるたびに、イククルを使っていました。家出したい、と考えたときも、仲の良いおじさんたちが支援してくれました」

未成年での援助交際は、客観的に見れば非常にリスクの高い行為だが、当時のみかこさんは、「自分の身に何かが起きるかもしれない」という感覚が薄く、恐怖心もなかった。

「ただ、「気持ち悪い」という感覚は強かったです。終わった後、「もう無理だ」「もう絶対やらない」といつも思うわけですよ。でも、たった一日でこれだけもらえるんだ、というメリットの方が強くて、またやってしまう。半年くらいやらなかった時期もありましたが、お金がなくなってくると、またやりたくなる。中学生や高校生の頃は、本当に無知だったと思います。十六歳の時点で、カンジダ、クラミジア、コンジローマといった性病は一通りもらいました。

性病以外に大きなトラブルはありませんでしたが、一度だけ、「警察だ」と名乗る男性から説教をされたことはありました。警察手帳も見せず、何もしないで帰されたので、偽者だと思いますが」

### †稼いでも、使うのがもったいない

昼食代を稼ぐことが援助交際の目的の一つだったが、実際に大金を手にすると、「使うのがもったいない」という気持ちが芽生え、結局コンビニで万引きをするようになった。

「当時は、お金をかけないでどう生きるか、をいつも考えていました。万引きは結局バレたのですが、「初めてです」と言って泣いて謝れば、お店の人は見逃してくれました。ゆるい時代だったとも言えますが、今思うと、最低ですね……」

高校生の時に精神疾患（パーソナリティ障害）を発症し、中退して通信制高校に移った。十九歳の時に、バイト先で知り合った年上の男性と付き合い始め、半年後に妊娠が判明した。

「中学生から結婚するまでは、とにかく異性関係が激しくて、援助交際に加えて、彼氏もたくさんいました。だらしなかったですね……。

妊娠が発覚して、家族とは大揉めになりました。父親と母親は怒り心頭で「縁を切る」「出ていけ」と言われたので、家を出ました。夫側の家族には、産むことを伝えたら「十代の子に手を出してしまって、本当に申し訳ない」と謝られました。

出産後は、夫が仕事で不在の日が増えたので、自分一人で子どもを育てることになりました。最終的に自分の両親とは和解して、母親も育児に協力してくれました」

しかし、育児の負担に加えて、出産を契機に服薬を止めたことの影響もあり、心身の調子が崩れた。

「精神科への入退院を繰り返すようになり、バファリンなどの市販の処方薬を集めて、O

D（overdose／過剰服薬）したこともありました。夫との関係も悪くなってしまい、二十二歳の時に離婚しました。

子どもがいるのに入退院やODを繰り返していたので、「このままでは自分も、親と同じようになってしまう」「虐待が連鎖してしまう」と感じて、自分から児童相談所に電話しました。

子どもを児相に保護してもらうかどうかとなった時に、うちの親が「自分たちが育児に協力するので、保護はしないでほしい」と止めてくれた。そのことは、今でも感謝しています」

その後、体調もある程度回復したので、子どもを預けて、都市部にあるキャバクラで働き始めた。

### †キャバクラから性風俗へ

「キャバクラの仕事は、以前友だちから誘われてやったことがありました。一度体験してしまうと、簡単じゃないですか。ちやほやされるし、お金も稼げる。あちこちのお店で「体入荒らし」（店に在籍する気がないのに、体験入店でもらえる報酬を目当てに、複数の店で体験入店を繰り返すこと）をしていました。時給は五千円以下でしたが、本指名や場内指名（初めて来店した客や、指名なしで来店したフリーの客が、店内で気に入ったキャストを指名すること）のバック（取り分）を加算すると、一日四時間出勤で三万はもらえました。そこからドレス代や送迎代などであれこれ引かれましたが」

キャバクラの仕事でそれなりに稼ぐことができたが、拘束時間が長く、アルコールを飲まなければならないことがネックだった。そんな時、おっぱいパブ（おっパブ）で働いている友人から、「うちの店に来ない？　もっと稼げるよ」と誘われた。

「それから半年ほどおっパブで働いたのですが、めっちゃ稼げました。お客さんは別料金を払えば、ＶＩＰルームとよばれている、横になって女の子といちゃいちゃできる個室に移動できるシステムです。性的なサービスはダメなのですが、こっそりやれば、お客さんから追加料金がもらえる。本指名のお客さんもいたので、一回の出勤で少なくても三万、多くて五万くらいは稼ぐことができました。託児所付きのお店だったので、子どもを預けて、週一で働いていました。そのお店は、今は摘発されて潰れたようです。

順調にキャバクラから風俗へ、という典型的なルートを進んだのですが、おっパブで働いていた期間、昼間は障害者雇用で事務の仕事もやっていました。夜の仕事一本になるのが怖かったので、昼職をしながらお小遣い稼ぎに行く、みたいな感じですね。
ちなみに、稼いだお金をホストに使うようなことはありませんでした。誰かから尽くされるのが苦手だったので、貢ぐことはしなかった。もともとホストクラブがあまりない地域だった、ということもありましたが」

二十代後半の時に再婚したが一年で離婚した。

「離婚後、慰謝料と自分の障害年金だけではやっていけないと思って、ハローワークに行ったところ、「あなたはまだ若いから、資格を取りなさい」と言われました。そこから職業訓練の学校に通って、福祉関係の資格を取りました」

その後、同じ学校で彼氏ができることもあったが、うまく関係を続けることができず、自傷的な形で、特定の性癖を専門としたデリヘルの仕事を始めた。

「シンプルに身体を触られる普通のデリヘルや箱ヘルは嫌だな……と思ったので、このお店を選びました。平均年齢は高めで、二十代後半から三十代くらいの女性が多かったです。

お店のオーナーは優しい人で、離婚していることを伝えたら、「お茶を挽いたとき（客が来ないとき）は、三千円あげるよ」と言われました。ホテルでの接客中に、私がお店への電話連絡を忘れたときも、フロント経由で「大丈夫？　あと五分で終わりだけど」と安否確認の電話をしてくれたこともありました。ただ、知識がないと難しい仕事なのに、具体的なサービスの方法などはきちんと教えてもらえませんでした。

家族にバレないように、午前中から夕方までの時間帯で働きました。お客さんは、午前中から自由な時間を使える自営業の方が多かったです」

## †被害体験をもつお客さんたち

利用する客は、過去の被害体験から特殊な性癖をもつようになってしまったが、誰にも言うことができず、こうした店を利用することでどうにか発散させている、という人が少なくなかった。

「幼少期にいとこのお姉さんから性的ないたずらをされたとか、女性からいじめられた、という経験のある人もいました。被害者ですよね。興味本位ではなくて、ガチの人が多かったです。「殺してください」みたいなことを言ってくる人もいました。若い頃からデリヘルを使っている七十代半ばのお客さんは、遊び方は上手だったのですが、プレイ中には「こんなに強くしたら死んじゃうんじゃないかな」と不安になることもありました。

自分も、過去の被害体験からこの世界に入った人間なので、お客さんに対しては「仲間だね」という気持ちもありました。この世界は、温かい人が多かったです。キャバクラのほうが、お客さんが見栄を張っている傾向がありましたね」

車以外の交通手段の少ない地方都市の店だったため、お客さんのいるホテルまで、自分の車で直行直帰することもあった。

「私があちこち移動しなくても済むように、オーナーがお客さんを一つのホテルに案内してくれて、一日中、同じホテル内で部屋を移動しながらサービスをおこなうこともありました。一二〇分コースの人が多く、一人相手にすれば、だいたい二万五千円程度は稼ぐことができました。

そのお店では、一年くらい働きました。何かあったらまた復帰しよう、と考えているので、未だにオーナーの連絡先は、保険として残しています」

福祉関係の資格を取得後、心理に興味を持ち、心理関係の養成学校へ進学した。

進学した当初は、引き続きデリヘルの仕事も並行して行っていた。固定客で、ロングで一日六万円の収入になることもあった。

しかし、実習が始まると出勤すること自体が時間的に難しくなり、店をやめることにした。

「自宅から直行直帰の出勤でいいよ、とも言われたのですが、さすがにデリヘルで使う道具を乗せて車で走るのは無理だな、と我に返りました。それからもう六年近く、風俗の仕事はしていません」

養成学校で心理の資格を取り、現在は福祉関係の職場で相談援助を行っている。援助交際や性風俗の仕事をしていたことは、家族には一切言っていないが、一部の友人やパートナーの男性には伝えている。

「以前、付き合っていた彼氏とラブホテルに行った際に、「段取りがすごい上手で、時間のムダがないね」と言われたことがあります。

なぜかフロントのコールナンバーを知っていて、何も見ないですぐに電話をかけられる時点で、「風俗で働いていたんだろうな」と勘繰られてしまいますよね。

彼氏とデートする時、「ラブホの前で待ち合わせしよう」と伝えたこともあるのですが、そういうことも、普通の女性はやらないですよね。性に対する恥ずかしさが無くなってしまった結果、世間一般の感覚とズレたことをやってしまうことはあるかな……と思います」

### †自傷のついでにお金をもらって安心したい

性風俗の仕事をしていたことについては、今振り返ると、お金に対する執着心と自傷行為としての側面が強かった、と感じている。

「がっつりお金を稼ぎたい、というよりも、生活できるお金はあるけれど、無くなったらどうしようという漠然とした不安感がありました。安心できるように、常に収入が欲しい……というお金に対する異常な執着心があり、それに加えて、自傷行為のついでにお金ももらえる、という感じでした。
イライラしている時、さみしさや不安を感じる時、自分を傷つけると楽になる。自分を粗末に扱ったほうが安心する。またお客さんが自分のことを「かわいい」と褒めてくれる。話も聞いてくれる。ちやほやしてもらえて、承認欲求が満たされる。
やりたくないことをやって自分を傷つけているが、その中でも求められる嬉しさはある、という矛盾した状況でした。傷ついたという感覚は、後からやってくるので、どちらかというとメインは自傷で、承認欲求は後づけかもしれません。両親を困らせたい、傷つけたいから、その代わりに自分の身体を傷つけているのかもしれない。でも、両親には何も言えていない。難しいですね」

現在も、精神科での治療と通院を続けており、カウンセリングも受けている。

「二回目の離婚で慰謝料など色々あって、生活費や子どもの学費をカバーできるだけの収入のベースはあります。そのため、無理をしてお金を稼ぐ必要は全くないはずなのですが、それでもデリヘルで働き始めてしまった。精神的なものが理由になっているのだと思いますが、今はカウンセリングを受けながら、何が原因なのかを紐解いている最中です。

以前と比べて、良くなった部分はあります。援助交際や風俗の仕事をしていた時は、自分で自分を癒すことができず、他者に自分の幸せを委ねていたと思います。一人でお茶を飲みに行くことがさみしくてできなかったのですが、今はできるようになった。誰かのためではなく、自分のために時間とお金を使うことができるようになりました」

援助交際や性風俗の仕事をしたことの副作用としては、パートナーと性的な行為が一切できなくなったことが挙げられる。

「現在、お付き合いしているパートナーの男性がいます。これまでの自分の過去を全て受け止めてくれて、その上で一緒にいてくれる人です。でも、その彼であっても、スキンシップもキスもできない。我慢すればできるのですが、気持ち悪くなってしまう。お金をもらえばできるのですが、好きな人からは取りたくないですよね」

## †仕事を通して必要とされる

現在は、福祉関係の仕事を通して、誰かから必要とされている、社会から認めてもらえている、という実感は得られている。必要のないネイルをしたり、ブランド物のバッグを買ったりすることもなくなった。

「流行りの服やブランド物を買うことって、自分のためでありつつも、結局人の目を気にした振る舞いじゃないですか。ファッションについては、ヴィトンやシャネルなどの露骨なブランド物を買うのはやめて、身の丈にあったものを着るようになりました。

今の職場は、福祉関係の仕事ということもあって、誰もブランド物を持っていません。それでいいんだ、着飾らなくてもいいんだ、ということを初めて知りました。周りからは、「みかこさんは、すごくファッションの意識が高い」「おしゃれだね」と言われるのですが、自分としては、すごく手を抜いた格好をしている。私はすごく背伸びしていたんだな……とようやく気付きました」

一方で、人間関係で悩んだ時など、逃げたくなるときもある。「これだけ働いて、この程度の給料なのか」「馬鹿らしいな」「私だったら、風俗で本気を出せば、フルタイムで働かなくても、この程度の金額は楽に稼げるのに」と思ってしまうときもある。

「風俗の仕事については、お金がなくなったら絶対にまたやるだろうな、という自覚はあります。だって、怖くないので。今は夜職時代の仲間とは全く繋がっていないのですが、何かきっかけがあれば、簡単に戻れてしまいそうです」

パパ活や性風俗の仕事をしている若年女性に対する支援としては、自身の経験、そして福祉関係の職員としての立場から、「安心して寝られる場所」と「あったかいご飯とお風呂」が必要だと考えている。

「援助交際のように、自分の身体に値段がつけられる行為を続けていると、身体を提供しないと人とつながれない、という感覚に陥《おちい》ってしまいます。私自身も「身体を提供しないとダメだ」というベースが常にありました。今のパートナーに対しても、性行為ができないので、私と付き合っている意味がないだろうな、と思ってしまいます。そうした感覚を植え付けられないためにも、無条件で優しくしてくれる人や居場所が必要です」

社会に対しては、どのような家庭環境で育った子どもも、給食の整備や学びの無償化を通して、生きていくための最低限度の支援が受けられる仕組みを作ってほしい、と考えている。

「援助交際や風俗で生き延びてきたことについて、私自身は後悔していません。それらの経験があったから、今まで生きてこれたので。

でも、パートナーと性的な行為ができなくなったり、「自分には存在価値がないのでは」という気持ちがなかなか消えない、といった副作用は残っている。こうした代償とは、一生付き合っていかなければいけないのだと思います。

そう考えると、せめて学校を卒業する二十二歳頃までは、社会がきちんと守ってくれる仕組みがほしい。それがあれば、風俗の世界に入って不幸になる人は、確実に減ると思います。

風俗の仕事を好きでやっている人は、ほとんどいないのではないでしょうか。だって、そういうことは、自分の好きな人としたいじゃないですか」

## 4 「人の役に立っている」という感覚を得られる、とても貴重な場所

あやめさん（仮名・三十一歳）は、高校卒業後、地元を離れて都市部にある大学の看護学科に進学した。大学の学費も、一人暮らしの家賃も全て自己負担で、親からの援助はなか

った。
「私は発達障害の特性があるのですが、親が障害に対する理解がなかったこともあり、関係が良くありませんでした。父親も衝動的に怒って物を投げるようなタイプだったので、高校の時から、卒業したら地元を出ると決めていました。一般の学部に行くと就活が面倒、というイメージがあったので、看護学科を選びました」

### †学費と家賃が払えない

大学入学後、十九歳の時に性風俗の仕事を始めた。当初は大学の近くにあるスーパーでレジのバイトをしていたが、最低賃金に近い時給だったので、学費と家賃を稼ぐためには、全く足りない。短期間で高収入を得たいと考えて、性風俗の求人情報誌を買って、仕事を探した。

最初に入った店は、学園系のホテルヘルス（ホテヘル。客が受付所で女性を選び、近隣のホテルに一緒に移動してサービスを受ける業態）だった。身長一五五センチ以下の女性を採用しているロリコンの男性向けの店で、求人情報には「童顔・貧乳歓迎」と書いてあった。

「自分の容姿に自信がなかったので、ロリ系のお店だったら、身長がなくても、貧乳でも採用してもらえるだろうと思って応募しました。当時はパネマジ（パネルマジックの略。写真を加工して、実物よりきれいに見せるテクニック）自体を知らなかったので、雑誌やネットを見て、「風俗で働いている女の子は、皆美人なんだな……」「自分は採用されるのかな……」と思っていました」

ホテヘルの仕事では、それなりに稼ぐことができた。店に明確なコンセプトがあるため、値段は高めだったが、根強い固定客がおり、出勤してお茶を挽くことはなかった。その店では、一年半ほど働いた。

「最初の半年は不安だらけでした。もともと警戒心の強い性格で、コロナ禍の時も感染を避けるためにずっとステイホームしていたタイプだったので。風俗は性感染症のリスクに自分から飛び込むような仕事ですよね。性感染症や妊娠にビビりまくっていました。ただ、働いているうちに不安には慣れました。性病についても、かすり傷程度の認識になりました。

もともと、発達障害という大きな生きづらさを抱えていたので。発達障害に比べたら、クラミジアも淋病も、薬を飲めば治るじゃないですか。余談ですが、風俗は保健所の管轄になった方が良いと思います。今は警察の管轄になっていますが、保健所の管轄になれば、今よりも性病の検査や対策などができるのではないでしょうか」

あやめさんは多動の特性があったため、学校の中でもわかりやすく浮いていて、小学校の時からクラスで一番怒られている女子だったという。

「十代の頃は自己肯定感が低く、自分が楽をすること、楽しむことに罪悪感を抱いていました。大学の同級生と一泊二日でディズニーランドに行った時も、心のなかで「私のような人間がディズニーを楽しんでいいのだろうか」と思っていました。自分を痛めつけている方が、かえって心が楽になる。

リストカットもしていましたが、傷跡があるとお客さんがびっくりするので、大学の実習などでしばらく出勤する予定がない期間に、次回の出勤までに治る程度の深さで切っていた記憶はあります」

## †普通に生きていたら見えない場所に行ってみたい

もともと好奇心が強いタイプのあやめさんは、「せっかくなので色々な業種を体験してみたい」と思い、大学三年生の時に、滋賀・雄琴《おごと》のソープと、大阪の飛田新地《とびたしんち》で働くことにした。

「普通に生きていたら見えない場所に行ってみたいな、という気持ちもありました。飛田新地は、アングラな街の雰囲気が好きでした」

いずれの仕事も完全自由出勤だったので、学業との両立で特に不便は感じなかった。大学の実習で忙しい時期は、出勤は月二回程度に留めて、夏休みには週四日から五日出勤する、というペースで働いた。

「飛田では、全く稼げませんでした。私は青春通りのお店で働いていたのですが、他の女性は皆本当に美しくて、容姿のレベルが高い。眩しかったです。「なんで私が採用されたんだろう」と思っていました。お行儀よく上品に座って、お客さんに手を振るということができなかった。お店からは、特にやめてほしいとは言われなかったのですが、いたたまれなくなり、二、三カ月ほどでやめました」

一方、雄琴のソープは半年続いた。学園系の大衆店で、女子高生のコスプレをして接客した。

「ソープは本番ができる前提なので、大阪のホテヘルに比べれば客層は良かったです。ホテヘルの客は本番をしたがるし、とにかくがめつい。素股でドサクサに紛れて入れてこようとする輩もいました。

私は数字を追いかけるのが好きだったので、指名を取るために、自分の中で色々と工夫していました。お店でのランキングは五位から九位くらいをウロウロしていて、下から数えたほうが早かったのですが、指名を増やしてお店の戦力になっていた方がスタッフから有難がってもらえるので、頑張っていました」

ソープの仕事で稼いだお金は、生活費と貯金に回していた。収入が増えても、金銭感覚が大幅に狂うようなことはなかった。

「それまで本は図書館で借りたり、中古で買っていたのですが、風俗の仕事を始めてからは、月に二、三冊、新刊で買えるようになったことが嬉しかったです」

男性に対する意識にも、それほど大きな変化はなかった。

「私はセクシュアリティがレズビアンなので、プライベートでの性行為の感覚と、風俗の仕事で使う感覚が違う。男はビジネスの相手、という認識でした。立派なサラリーマンのおじさんも、風俗に来て、可愛い声であえいだりするんだな……と。スーツを着ている中高年の男性は偉そうに見えるけれど、そんな人でも女を求めているんだなと分かって、社会的地位のある男性に人間味を感じるようになりました」

性風俗の仕事をしていることは誰にも言えず、ずっと心理的な負担を感じていたが、大学四年生の時に、初めて信頼できる友人に話した。

「友人の反応は、「あっ、そうなんだ。へぇ〜」という感じでした。友人もセクシュアルマイノリティの当事者で、色々な価値観や人間関係に触れて生きてきた人だったので、変に驚かず、自分の話をフラットに聴いてくれました」

## †性風俗以外のコミュニティ

働いている中で、同業の女の子とのつながりはほとんどなかった。

「接客は頭を使って疲れるので、待機時間はなるべく頭を休ませるのに使いたかった。女の子特有のグループ行動に対する苦手意識があったので、SNSでのつながりや交流もなかったです。大学のコミュニティやLGBTのコミュニティで友人がいたので、特に繋がりを求めていなかったのですが、もし風俗一本の生活だったら、同業の女の子との交流を求めていたかもしれません」

大学を卒業後、看護師の免許を取り、精神科の閉鎖病棟で働いた。

「精神科を選んだのは、発達特性でミスをしてしまったとしても、精神科なら命に関わるようなことはない、つまり人を殺さなくても済む、と考えたからです。

しかし、結局一年でやめました。他の看護師と同じようにマルチタスクをこなすことができなかった。患者のAさんに点滴を落としている間に、Bさんを検査に送り、Cさんからのナースコールに対応して、Dさんの家族に声をかけられて対応しているうちに、Aさんの点滴が終わる……という感じで、同時並行が当たり前の職場だったのですが、ポロポロタスクが抜け落ちてしまう。病棟の戦力外看護師として、いたたまれなく過ごしていました」

病院をやめた後は、アルバイトをしながら、就労移行支援事業所に通って障害者枠での仕事を探した。

「就労移行支援事業所は、たまたま市役所のポスターで見つけて、三カ月くらい通いました。看護師の資格を活かしたいという思いはあったのですが、正直難しいと思ったので、障害者枠で仕事を探すことにしました。障害に配慮してもらえる環境で働いたほうが、長い目で見て絶対に良いと思ったので。看護師としてのキャリアは諦める方向で、心の整理をしていました」

性風俗の仕事は看護師になってからも細々と続けており、障害者枠での仕事を探している間は、性感エステの店に週三日ほど出勤しながら、昼はティッシュ配りや企業の健康診断で血圧を測るバイトをした。

仕事を探し始めて半年後、食品工場の正社員として採用された。給料は手取りで約十四万円で、ボーナスは十万円程度だった。

「生活できなくはなかったけれども、ギリギリよりも余裕で黒字のほうが安心できるので、正社員になった後も、風俗の仕事は続けていました。

また工場の勤務を開始して以降、腰痛が悪化して、湿布やロキソニンなど、日々の出費がかさむようになったので、プラスアルファの収入を得る必要もありました」

食品工場の仕事は二年間続けた。その間に、障害者枠の公務員試験を受けることを決意し、勉強を始めた。ちょうど法改正によって、身体障害だけではなく、精神障害や発達障害の人も公務員試験を受けられるようになった時期だった。公務員の仕事自体には関心がなかったが、周りに公務員の友人がいて、給与と安定に魅力を感じたことも一因になった。

公務員試験に向けた勉強を開始したタイミング、二十五歳の秋で、性風俗の仕事をやめることにした。

「工場の仕事、公務員試験の勉強、風俗の三つを掛け持ちするのは辛いので、やめました。公務員の試験に何が何でも受かる、という気持ちがあったので、風俗への未練に思いを馳せている余裕はなかったです」

### †「健常者に快く配慮してもらえるような、無難な障害者」

性風俗の仕事をやめた一年後、二十六歳の秋に、公務員試験に無事合格した。職場では、職員の休職手続きや文書の受付などの事務を担当した。三年半ほど働いたが、現在は体調を崩して休職している。

「公務員の仕事は、もう近々、やめようと思っています。工場の仕事は一人で黙々とやれるけれど、公務員は色々な人と協力しながら進めていかないといけない。健常者に配慮してもらわないといけない。

公務員は異動が多いので、新しく異動してきた健常者の職員には、発達障害者との関わり方に慣れてもらう必要があります。公務員は福祉の専門家ではないので、障害に対しては、一般的な認識しかない。過不足のない配慮が定着するまで、数カ月はかかる。

それだけの時間をかけて色々なことを調整して、お互いに阿吽の呼吸ができるようになっても、一年位で人が入れ替わってしまう。大変でした……。

障害者って、嫌われると人権がなくなるんですよ。嫌われちゃうと、配慮されにくくなる。そうなると、仕事が進められなくなる。「健常者に快く配慮してもらえるような、無難な障害者」を演じ続けるのがストレスでした」

現在は、精神科病院の社会復帰支援課が実施しているリワーク（精神疾患を原因として休職している労働者に対し、職場復帰に向けたリハビリテーションのプログラム）に参加している。

そうした中で、性風俗の世界で働いていた時のことが懐かしくなって、ふと「戻りたい」と思う時もあるという。

「発達障害を持っていると、仕事でもミスが多くなってしまい、常に「すみません」と謝り続けているので、一般社会で「人の役に立っている」という感覚をなかなか得られないんですよね。一生懸命真面目に働いて、人の何倍も努力をしているつもりなのに、怒られる。

また建前としては、健常者も障害者も平等と言われていますが、実際には健常者が圧倒的マジョリティなので、どうしても力関係が生じる。

でも風俗の仕事であれば、自分のペースで、自分のやりやすいように仕事ができる。心身の状態が不安定な人が多いので、当日欠勤せずに、シフト通りに出勤するだけで、頼られる。一般社会に比べて、求められるレベルは高くない。発達障害の人間でも「人の役に立っている」という感覚を得られる、とても貴重な場所だと思います」

一方で、性風俗の世界でも、「人の役に立っている」「必要とされている」という感覚を十分に得られずに悩んでいる人は少なくない。「お金を払ってでも必要とされたい」という気持ちでホストに通う女性に対しては、複雑な思いを抱いている。

「SNSでホストにハマって身を滅ぼしている子を見ると、こっちまで辛くなってしまいます。ホストはお金を積めば、必要としてくれて、ちやほやしてくれる。あくまで商売でやっていることですが、風俗で働く女性は愛着形成が不安定な人が多いので、染まってしまう。私はセクシュアリティがたまたまレズビアンだったのでホストにはハマりませんでしたが、そうでなかったら、ハマっていたかもしれません」

## †工夫しないと仕事が来ない「商売」

三十代になり、仮に性風俗の世界に戻ったとしても、昔のようには働けないだろう、と感じている。

「怖いのは、履歴書の空白です。二十代の時は、風俗の仕事と並行して昼の仕事をしていたので、履歴書の空白は生じなかった。

今風俗一本になると、空白ができてしまう。空白防止のために、昼のアルバイトをしようかなと思っても、うつになってキャパシティが低下しているので、若い時のように並行してできなくなった。疲れやすくなったこともあるので、かけもちはしんどいです」

公務員の仕事を経験した後に改めて振り返ると、性風俗の仕事は「商売」だった、と感じている。

「公務員は、特に頑張らなくても仕事が来るし、給料も安定している。でも、風俗は自分が頑張らないと仕事が来ない。どういうふうに写メ日記や自撮りをしたら、ターゲットのお客さんに響くのか、といったことを考える必要がある。

色々な経歴や事情の人がいて当たり前、という前提のある世界だったので、居心地は良かった。息がしやすかったです。ただ、現役で働いている女性には、週一日でもいいから、昼の世界との接点を作っておいたほうがいい、と伝えたいです」

## 5 自分の名前で働くために

本章で自らの体験を語ってくださった佳菜子さん、ゆかりさん、みかこさん、あやめさんは、いずれも就労によって、性風俗からの卒業を実現している。

本節では、この四名の事例を通して、脱がずに生きるための就労の可能性と、それを実現するための条件、及び課題を考えていきたい。


女性が性風俗の仕事に参入する動機で、今も昔も大きな割合を占めるのが「生き延びるため」である。メンタルの不調で失業してしまった、収入が減って家賃が払えない、親との関係が悪い、公的支援を利用できない事情があるなどの理由で、経済的・精神的に追い詰められた女性が、今日を生きる糧を得るため=「生き延びるために脱ぐ」ケースだ。

## †みんな一人で決めている

本章の事例では、メンタルの問題で美容師の仕事をやめて生活に困窮した佳菜子さん、家庭の事情で中学生の頃から援助交際を始めたみかこさん、進学で親元を離れた後、自力で学費と家賃を稼ぐために性風俗の仕事を始めたあやめさんの三名が、このケースに該当するだろう。

二〇二三年、NPO法人風テラスが実施した休眠預金活用事業「孤立孤独／生活苦を抱える若者への緊急支援事業　風俗で働く若年女性へのアウトリーチ事業」（以下「二〇二三年のアウトリーチ事業」）では、LINE通話で延べ一九二名、チャット対応で延べ一三二五名の相談に対応した。（図1）

その中で、最も多い相談内容は「お金の困りごと」であった。失業、メンタルの不調、家賃の支払い、親元から離れて暮らしたい、といった理由で、生き延びるために性風俗の仕事を選ぶ若年女性の姿が浮かび上がってくる。

彼女たちの選択の背景には、経済的困窮に加えて、他者とのつながりの欠如＝社会的孤立がある。家族との関係が悪く、頼れる相手や相談できる相手もおらず、安心できる居場所がない中で、「誰も助けてくれない」「自分の力だけでなんとかするしかない」と思い詰めてしまう女性は少なくない。

本章で取り上げた四名の中で、「性風俗の仕事を始める前に、誰かに相談した」という人は、一人もいない。皆、誰にも相談せずに、一人で決めている。

## †経済的困窮と社会的孤立の解消

性風俗の仕事は、思い立ったら、その日のうちに始めることができる。やめるときも、思い立ったら、その日のうちにやめることができる。最初から最後まで、個人の意思と判断で完結する仕事であるため、社会的に孤立している人ほど働きやすい世界であると言える。

経済的困窮と社会的孤立が絡み合った結果、「生き延びるために脱ぐ」ことを選んだのであれば、経済的困窮を解消するための収入、そして社会的孤立を解消するための他者との関わりや役割が得られる場所があればいい。両者を同時に満たすことのできる方法が、就労である。

就労の目的は、単に収入を得ることだけではない。現代社会では、特定の企業や団体に所属して働くことを通して、人とのつながり、社会的役割、社会保障など、さまざまなメリットを享受できる仕組みになっている。就労によって経済的安定と社会的孤立の解消を

図１　相談内容（単位：件）

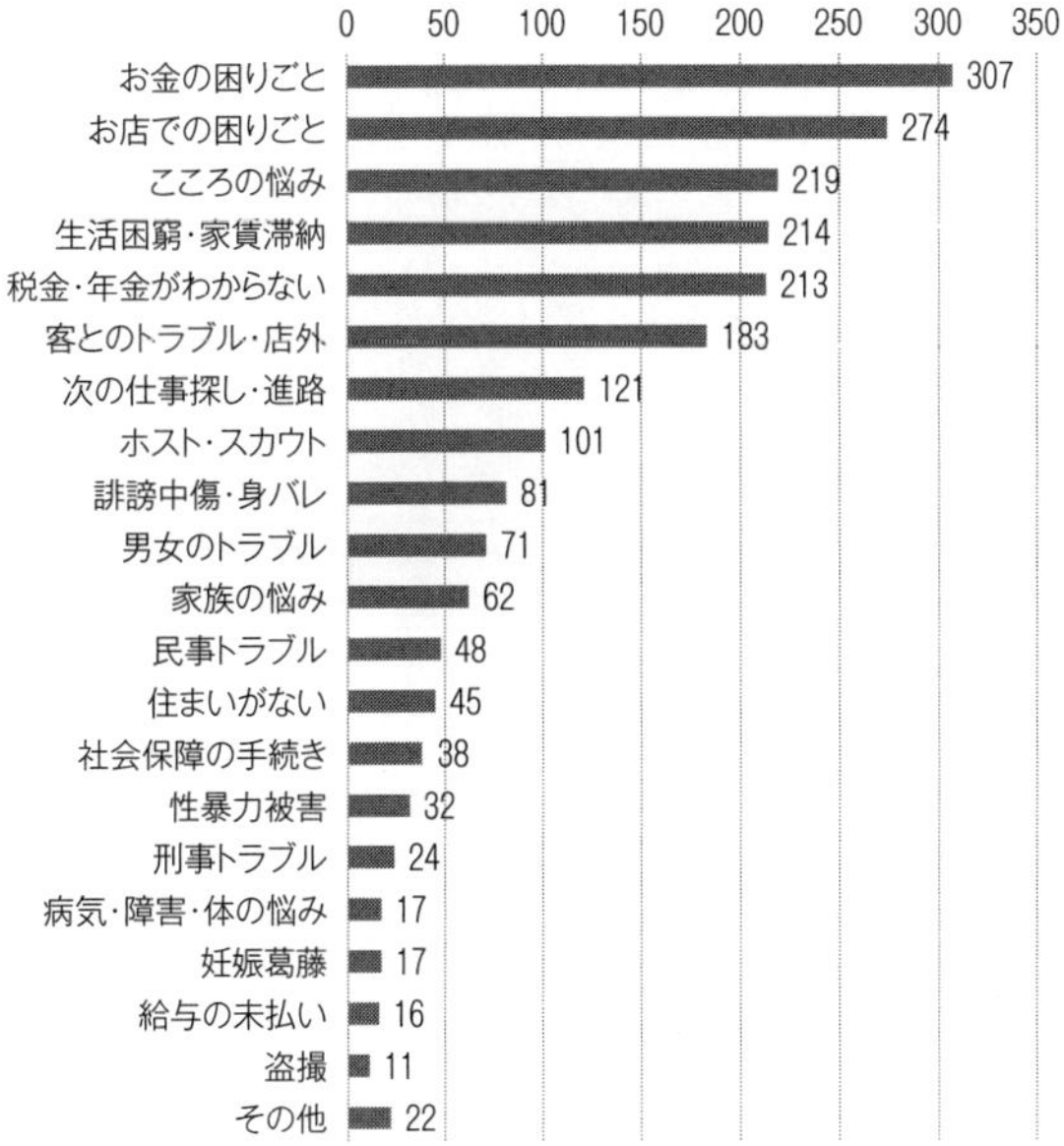
0
50
100
150
200
250
300
350
お金の困りごと 307
お店での困りごと 274
こころの悩み 219
生活困窮・家賃滞納 214
税金・年金がわからない 213
客とのトラブル・店外 183
次の仕事探し・進路 121
ホスト・スカウト 101
誹謗中傷・身バレ 81
男女のトラブル 71
家族の悩み 62
民事トラブル 48
住まいがない 45
社会保障の手続き 38
性暴力被害 32
刑事トラブル 24
病気・障害・体の悩み 17
妊娠葛藤 17
給与の未払い 16
盗撮 11
その他 22

実現できれば、生き延びること自体は、何の問題もなく可能になる。就労こそが脱がずに生きるための王道だと言える。

## †就労を妨げる課題

一方で、性風俗の仕事は、そもそも様々な事情でうまく就労できない・したくない女性たちが集う世界である。そうした現状を無視して「きちんと就労しましょう」という正論をぶつけても意味がない。まずは、彼女たちが就労できない・したくない背景にある課題を確認する必要がある。以下、インタビューを通じて浮かび上がってきた、彼女たちの就労を妨げる課題を六つに分類して紹介する。

### 課題❶ 障害・病気

本章で取り上げた女性のうち、佳菜子さんがADHDとうつ、みかこさんがパーソナリティ障害、あやめさんが発達障害であることを自己申告している。四名中三名が、何らかの発達障害もしくは精神疾患を抱えていた。

いずれも、性風俗の仕事に従事した結果、何らかの病気を発症したり、障害をもつようになったわけではなく、病気や障害によって就労が困難になったために、性風俗の仕事を

図２　相談者が抱える障害・病気（単位：件）

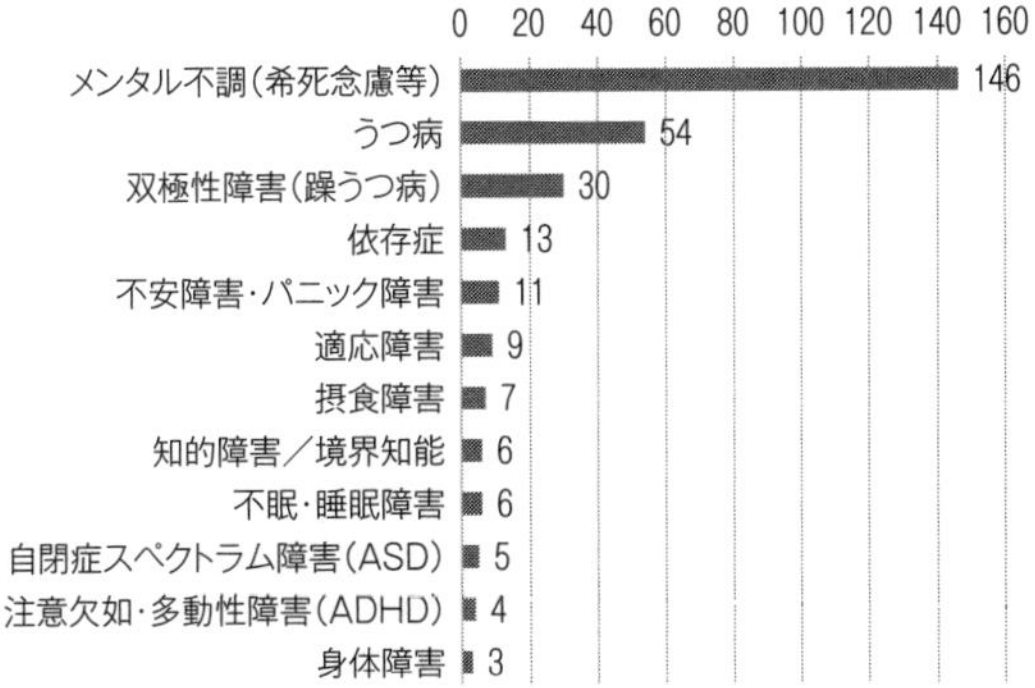


始めた、という順番になっている。「脱いだから病んだ」わけではなく、「病んだために、脱がざるをえなかった」という理解が正しいだろう。

二〇二三年のアウトリーチ事業では、相談件数全体の三十五・二％が、うつや双極性障害によるメンタルの不調や希死念慮、不安障害や適応障害、知的障害や発達障害を持っていると自己申告している。（図２）あくまで自己申告なので、実際はこれよりもはるかに多い数の女性が、何らかの障害や病気を持ちながら性風俗の仕事に従事していると推測される。就労が困難になっている背景に、こうした障害や病気の問題が絡んでいることは間違いない。

### 課題❷　親との関係

みかこさんは、父親がギャンブル・アルコール依存、母親がそのイネイブラーという複雑な家庭で育った。「大人は助けてくれない」「自分で何とかするしかない」という思いを抱くようになり、中学生の頃に援助交際を始めた。

あやめさんも、親との関係が悪く、大学進学に際して親からの援助がなかったため、学費と家賃を稼ぐために性風俗の仕事を始めた。

障害や病気と並行して、親との関係の悪化、それに伴う精神的・経済的な負担も、就労を困難にする一因になっている。

性風俗の仕事に従事している女性にとって、最大のアキレス腱は親であることが多い。自分の親に対して「縁を切りたい」「頼りたくない」「認められたい」など、愛憎入り交じった思いを抱いている女性が少なくない。

そして、今の仕事が親にバレることを、何よりも恐れている。心身の不調で収入が途絶え、家賃滞納や多重債務などの苦しい状況に追い込まれても「親にバレてしまうのであれば、生活保護は受けたくない」と、公的支援の利用を拒否する人も多い。

こうした事情を熟知しているホストやスカウト、店長は、女性とトラブルになったときに「親に連絡するぞ」「実家に行くからな」と脅しをかける。

親の愛は、無条件の愛である。無条件の愛は、文字通り、特定の条件を満たせば得られるというものではない。成人後に事後的に獲得することも難しい。夜の世界は、親からの無条件の愛を得られず、心に埋められない穴が開いてしまった人たちが、金銭を介した条件付きの愛で、どうにかそれを埋めようとしている世界なのかもしれない。

### 課題❸「引き算」の仕事

ゆかりさんは、二十代前半で最初に入店したピンサロ、及びその次に移籍したデリヘルの仕事で「何もしなくてもお客さんが来た」「店に在籍しているだけで稼げる」という経験をしている。その店で稼げなくなってくると次の店に移る、ということを繰り返していた当時を振り返って、「一位にはなれるのですが、それをキープする力がありませんでした」と自己分析している。

これは、ゆかりさん個人の努力不足だけに帰せられる問題ではない。「若ければ、何もしなくても稼げる仕事」であるということは、「若さを失えば、何をどう頑張っても稼げなくなる仕事」でもある、ということだ。

性風俗の仕事は、多くの場合、始めたとき（初回・初日・初月）が一番稼げる。自らの裸を商品として売る場合、脱げば脱ぐほど、脱いでいる期間が長くなればなるほど、その価値は低下する。一部のソープやSM、メンズエステなど、加齢による収入の減少を、接客や施術スキルの向上でカバーできる業種はあるが、誰もがそうした業種や店舗で稼ぎ続けられるわけではない。

一般の仕事では、キャリアは積み上げていくものである。それは経験や知識、資格を蓄積して、自らの市場価値を高めていく「足し算」であるが、性風俗の仕事では、手持ちの資産（若い身体と時間）をただ取り崩していき、それがなくなった時点で市場から退場を迫られる、という「引き算」になりがちだ。

つまり、どれだけ働いてもキャリアにつながらないばかりか、働けば働くほど、履歴書の空白期間が広がってしまう。性風俗の仕事が高単価である理由は、一般の仕事をしていれば蓄積できたであろう将来のキャリアを切り売りしているから、と言えるだろう。

クレジットカードのショッピング枠の現金化に大きなリスクが伴うことと同様、自らの将来のキャリア＝「未来枠」の現金化にも、大きなリスクが伴う。

### 課題❹　飛び続けないと生きられない

本章でインタビューした四名全員が、働く店舗・業種・地域を頻繁に変えている。佳菜子さんは、十年間、在籍自体は一つのグループであったが、グループ内の各地域の店舗を転々とする形で働いている。

性風俗の世界では、出稼ぎで店舗や地域を移動しながら働く人が少なくない。一般の仕事であれば、毎月のように職場や同僚、勤務地が変わることはありえないが、この世界では当たり前の働き方になっている。お店を「飛ぶ」（無断でやめて音信不通になる）ことも日常茶飯事だ。

技術よりも若さ、ベテランになることよりも新人であることに価値が置かれる仕事なのであれば、一つの店舗や地域に身を置き続けるよりも、「新人」という若さを最大限に換金できるポジションとして店舗や地域を転々とする方が、合理的な働き方になる。

一方で、移動には経済的な負担に加えて、心身の負担がかかる。源氏名を変えながら、毎回異なる職場・地域・場所・店・スタッフと働くのは大変だ。当然、移動によってすべてがリセットされるので、キャリアも信頼も積み上げられない。「飛ぶ」ことを繰り返した場合はなおさらだ。コストパフォーマンスは、長期的に見れば決して高くはない。

しかし、それでも女性たちが「飛び続ける」背景には、「そうしないと、メンタルを守れない」という理由が隠れている。

地元から福岡、神戸、東京と、常に転々と移動しながら性風俗の仕事を続けてきたゆかりさんは、「メンタルを守る手段としての移動」と表現している。メンタル面が不安定になる前に、他の地域やお店に移動すれば、調子を崩さずに済む、というわけだ。

メンタルが不安定なときは、立ち止まっていると、過去の嫌な思い出や未来への不安が押し寄せてくる。しかし、常に動き続けていれば、そうした不快な気持ちを感じずに済む。

一方で、仕事のスキルは、逃げられない空間の中で努力すること、すなわち組織やルールの中で責任を果たすことによって得られる。いつでも逃げられる状態では、メンタルの安定は保てるかもしれないが、昼職で通用する力は一向に身につかない。

## 課題❺ 結局本番頼み

佳菜子さんは、デリヘルで働き始めた当初、客から「本番させて」「みんなしているよ」と迫られて、心が折れそうになったと語っている。あやめさんは、「ホテヘルの客は本番をしたがる」と苦々しく振り返っている。

法律で売春行為が禁止されている日本では、定義上、性風俗は、性交そのものではなく、性交類似行為（手や口でのサービス）を提供する仕事になる。しかし、ホテル等の密室の中でおこなわれるサービスであり、男性客と女性との間で合意と金銭のやり取りがあれば、いくらでも本番行為、つまり性交ができてしまう。

佳菜子さんは、デリヘルの仕事では、店から何も教えてもらえずに困ったと語っている。みかこさんも、同じくデリヘルの仕事を始めた際に同じ悩みを抱いていた。

首都圏の大手グループでは、きちんと入店後に講習がおこなわれているが、個人経営の店舗や地方都市においては、新人の女性に対して何も教えない文化は、依然として残っている。

通常の仕事では考えられないことだが、性風俗の世界でそうした文化が根強く残っている背景には、「本番行為を含めた過剰サービスを黙認することで利益を出しているから」という現実がある。

佳菜子さんは、接客の方法については、店からは「お客さんに教えてもらって」と指示されている。デリヘルの世界ではよくある指示だが、これを意訳すると「本番をして、指名やリピートを増やしてお店に貢献してほしいけれども、それを店として指示してしまうと違法になるので、女性がお客と交渉して個人的にやった、ということにしてほしい」となる。

性風俗は、もともと売春から派生した仕事だ。男性客のニーズの多くが本番行為にあることは、昔からそう変わっていない。それゆえに、稼げなくなった個人や店舗は、本番行為に手を染めるようになる。性風俗業界全体が売上不振に追い込まれたコロナ禍の二〇二〇年には、デリヘルからメンズエステまで、ありとあらゆる業種・業態で本番行為が蔓延した。窮地になると売春に先祖返りしてしまう、というわけだ。

性風俗は仕事（サービス）であるが、売春は違法行為である。違法行為でどれだけ稼ぐことができても、昼職のキャリアには一切プラスにならない。

### 課題❻　孤立すればするほど稼げる

ゆかりさんは、「風俗で働けば働くほど、他人とのつながりが薄くなり、社会から孤立していく……という感覚があります。」と語っている。経済感覚が世間一般の基準からどんどんズレていくが、そのことに気づかないまま、「自分は他の人よりも稼いでいて偉い」「風俗の仕事はすごい仕事だ」という感覚だけが強くなっていく。

こうした中で、「社会的に孤立すればするほど、稼げる」「稼げば稼ぐほど、社会的に孤立する」という悪循環に陥ることになる。

みかこさんは、性風俗で働いていた理由の一つとして、「お金に対する異常な執着心」があった、と振り返っている。「無くなったらどうしようという漠然とした不安感」があり、「安心できるように、常に収入が欲しい」という気持ちに駆られていたという。

夜職の世界は、過去と未来は一切問われず、「今日、どれだけ稼げるか」だけが全ての評価基準になっている世界である。人間は、社会から孤立すればするほど、人間関係が狭まって不安や孤独になればなるほど、「自分は間違っていない」と思い込むために、社会の中でわかりやすくもてはやされている評価基準＝金に固執してしまうのかもしれない。

社会的に孤立している人にとって、稼いだ金額の数字だけが不安を和らげ、自己肯定感の支えになる。金は裏切らない。金は孤独を癒やし、不安を和らげ、自分の全てを受け止めてくれる。社会的に孤立している度合いと、金に対する執着の強さは比例する。そうした中で、日々の収入が減る、貯金残高が減るということは、不安が増大し、自己肯定感が削られることを意味する。それゆえに「現金日払い・高収入」の仕事をやめられなくなる。

以上、就労を困難にしている課題を整理してきた。今回インタビューを行った四名の女性は、こうした就労を妨げる要因を抱えていながら、最終的に就労を実現し、性風俗の仕事を卒業することに成功している。

以下、彼女たちが困難を乗り越えて、就労を実現することができた背景を「個人的理由」と「社会的条件」の視点から分析していきたい。まず、個人的理由として四つが挙げられる。

## †就労実現の個人的理由

### 理由❶　夜職以外の仕事・居場所を持っていた

みかこさんは、「夜の仕事一本になるのが怖かった」という理由から、おっパブで働いていた期間、昼間に障害者雇用で事務の仕事をやっていた。デリヘルの仕事も、学校に通いながら並行して行っていた。「学校の実習が忙しくなったから」という理由で比較的スムーズにやめることができたのは、夜職以外の仕事と居場所を持っていたことが大きな理由の一つになっているだろう。

夜職以外の仕事や居場所を持っていれば、夜職に経済的・精神的に依存してしまうリスク、及び夜職の世界の常識や金銭感覚に染められてしまうリスクを回避することができる。

一方で、昼職と夜職の掛け持ちを続けることは、身体的にも精神的にも大きな負担になる。あやめさんは、「若い時のように並行してできなくなった」「疲れやすくなったこともあるので、かけもちはしんどいです」と語っている。

性風俗の仕事を三十代で卒業する人が多いのは、単純に掛け持ちを続けることが身体的にも精神的にも困難になるため、と言えるかもしれない。

アリバイ作りのため、履歴書の空白を作らないための掛け持ちが年齢的・体力的に厳しくなってきたとき、昼職に移行するか、夜職に一本化するか、という選択を迫られる。ここで前者を選べるだけの経済的・精神的余裕があるかどうかが、脱がずに生きるための分岐点になるだろう。

### 理由❷　同業の女性とのつながりをつくらなかった

あやめさんは、性風俗の世界は「居心地は良かった。息がしやすかった」と振り返る一方で、「週一日でもいいから、昼の世界との接点を作っておいたほうがいい」と主張する。彼女は公務員試験に向けた勉強を開始したタイミングで、性風俗の仕事をやめることに成功している。「女の子特有のグループ行動に対する苦手意識があったので、SNSでのつながりや交流もなかった」と語っている。

同業の女性とのつながりをもつこと、SNSなどでコミュニケーションを取ることは、誰にも話せないことを話せる相手として、メンタルの安定に繋がることもある。一方で、トラブルの元になったり、金銭感覚のズレが影響してしまったり、「自分は今のままで大丈夫」と、悪い意味での安心感を得てしまい、昼職への移行の足かせになってしまうこともある。

一部の性風俗店では、女性同士の連絡先交換を禁止しているところがあるが、これは女性を隔離して管理・支配することを目的としているわけではなく、単純に誹謗中傷や金銭トラブルなど、女性同士の間で発生する面倒なトラブルを予防することを目的としている。

他の女性と一切コミュニケーションを取らずに働ける環境が整っている店舗も少なくないので、同業の女性とつながりを作らないということ自体は、比較的容易に実施できるはずだ。同業の女性とのコミュニケーションを拒むというよりは、「最初からつながりをつくらない」という選択肢が有効なのかもしれない。

### 理由❸ 住む場所を変える

佳菜子さんは、デリヘルの仕事をやめた後、東京に移住して介護の仕事を始めた。東京で一時的にエステやレンタル彼女などの仕事を行なっていたが、最終的には、完全に性風俗の仕事をやめることに成功している。ゆかりさんは、病気が原因で性風俗の仕事をやめ、地元に戻ってスーパーのパートを始めている。

引っ越しによって夜職の人間関係をリセットして、新しい土地でゼロから仕事を始める、という方法は、古典的ではあるが、有効な方法の一つだろう。環境を変えずに「決意を新たにする」よりは、はるかに効果的だ。街を歩けばスカウトに声をかけられるような環境、スマホを開くと夜職の仲間や店舗からのLINEの通知が大量に届いているような環境では、スッパリとやめることは難しい。

### 理由❹ 支えてくれるパートナーとの出会い

佳菜子さんは、パートナーとの出会いがきっかけで、地元を離れて上京し、就職することになった。みかこさんも、「自分の過去を全て受け止めてくれて、その上で一緒にいてくれる」パートナーがいる。

パートナーの存在は、就労を含めて、脱がずに生きることを実現する上で非常に重要な要素になる。この点については、第三章で詳しく分析する。

脱ぐ仕事に従事していた女性が就労を実現するためには、個人の努力だけでなく、社会の仕組みや制度を変えていくことも必要になるだろう。

次に四名のインタビューから見えてきた、脱がずに生きるための就労を実現するために必要な社会的条件を三つ挙げていく。

## †就労実現の社会的条件

### 条件❶　ファーストキャリアの離職率を下げる

セカンドキャリアの議論をする前に、決して見落としてはいけないポイントが「ファーストキャリア」の問題である。未成年の頃から援助交際をしていたみかこさんのように、最初に選んだ仕事（ファーストキャリア）が性風俗や売春だった、というケースはあるが、多くの場合、ファーストキャリアとして昼の仕事を選び、そこで何らかのトラブルや困難に直面した結果、脱ぐ仕事を選ぶことになった、という女性が多数派である。

佳菜子さんは美容師、あやめさんは看護師の免許を持っているが、いずれも人間関係やメンタルの不調等の理由で、最初の職場を短期間でやめている。

学校を卒業した後のファーストキャリアとして、「美容師」「看護師」「歯科衛生士」を選び、そこで挫折したことがきっかけで、性風俗の仕事を始めたという人は少なくない。

いずれも、女性が圧倒的多数派（美容師は約八〇％、看護師は約九〇％、歯科衛生士は約九九％）であり、かつ潜在層（資格を持っているけれども、給料の低さや仕事の重さ、独立の難しさなどが理由で離職し、その資格を生かした仕事をしていない人たち）が多い職業である。（表1）

佳菜子さんもあやめさんも、免許を取った後の最初の職場で働き続けることができれば、そもそも性風俗の仕事をする必要はなかったとも言える。

女性が圧倒的多数派を占める職業で、潜在層を減らす、つまり離職率を減らすことができれば、脱がずに済む女性は確実に増えるはずだ。

### 条件❷ 水商売の時点で、相談や支援につなぐ仕組みを作る

ガールズバーからピンサロに移ったゆかりさん、キャバクラからおっパブ、そしてデリ

表１　各職業の就業割合と潜在層の推計

| 資格名 | 人口 | 免許登録者数 | 就業割合 | 潜在層の推計人口 |
|---|---|---|---|---|
| 美容師 | 571,810 | 約1,350,000 | 42.3% | 778,190 |
| 歯科衛生士 | 145,183 | 298,644 | 47.8% | 153,461 |
| 看護師（女性） | 1,211,965 | 1,670,519 | 72.5% | 458,554 |

（出典）美容師の従業者数（令和４年度）：厚生労働省・令和４年度衛生行政報告例、美容師の免許登録者数（令和元年度）：厚生労働省・美容師制度の概要について（https://www.mhlw.go.jp/content/11130500/000879740.pdf）

歯科衛生士の就業者数：厚生労働省・令和４年度衛生行政報告例（https://www.mhlw.go.jp/content/10804000/000912195.pdf）

看護師（女性）の就業者数・免許登録者数：厚生労働科学研究費補助金（地域医療基盤開発推進研究事業）「新たな看護職員の働き方等に対応した看護職員需給推計への影響要因とエビデンスの検証についての研究」分担研究報告書（令和２年度）（https://mhlw-grants.niph.go.jp/system/files/report_pdf/202022038A-buntan1.pdf）

ヘルに流れていったみかこさんのように、水商売をきっかけにして、脱ぐ仕事を始める女性は一定数存在する。

二〇二三年のアウトリーチ事業では、GoogleやYahoo!などにウェブ広告を出稿して相談者を集める試みを行った。（図３）広告の出稿に際して、「性風俗」というワードが使用できなかったため、「夜職」というワードをベースにして出稿を行ったところ、キャバクラやガールズバー、ラウンジなどの水商売で働く女性たちからの相談が大量に寄せられた。

彼女たちからの相談内容の大半は、「給与の未払い」であった。経済的に困窮して水商売の世界に足を踏み入れたものの、メンタルの問題で出勤ができなくなり、指名も取れず、事前に想定していたような収入を得ることができないまま、出勤日数や給与の受け渡しをめぐって店舗とトラブルになってしまう……という姿が浮かび上がってきた。

水商売から性風俗に流れた女性には、「人間関係が苦手」「チームプレイができない」「密室での一対一の関係が良い」「脱げばそれで間がもつので、楽」と語る人が少なくない。脱ぐことで、色々なことをごまかせるし、苦手なことを回避できるというわけだ。

水商売でうまく稼げなかった女性たちが、次の選択肢として、性風俗をはじめとした脱ぐ仕事へと流れていく構造があるのだとすれば、水商売での困りごとを受け止める窓口を充実させることができれば、脱ぐ仕事に足を踏み入れる女性を確実に減らすことができるだろう。

### 条件❸　就労移行支援の充実と障害者雇用の拡充

佳菜子さんは、メンタルの不調で美容師の仕事を退職した後、医療や福祉の支援制度とは一切つながらずに性風俗の仕事を選んでいるが、あやめさんはきちんと制度につながっており、障害者枠で働くことができている。みかこさんも同様だ。

風テラスの相談者でも、就労移行支援等の制度を利用している人、障害者雇用枠で働い

図３　相談の多かった業種（単位：件）

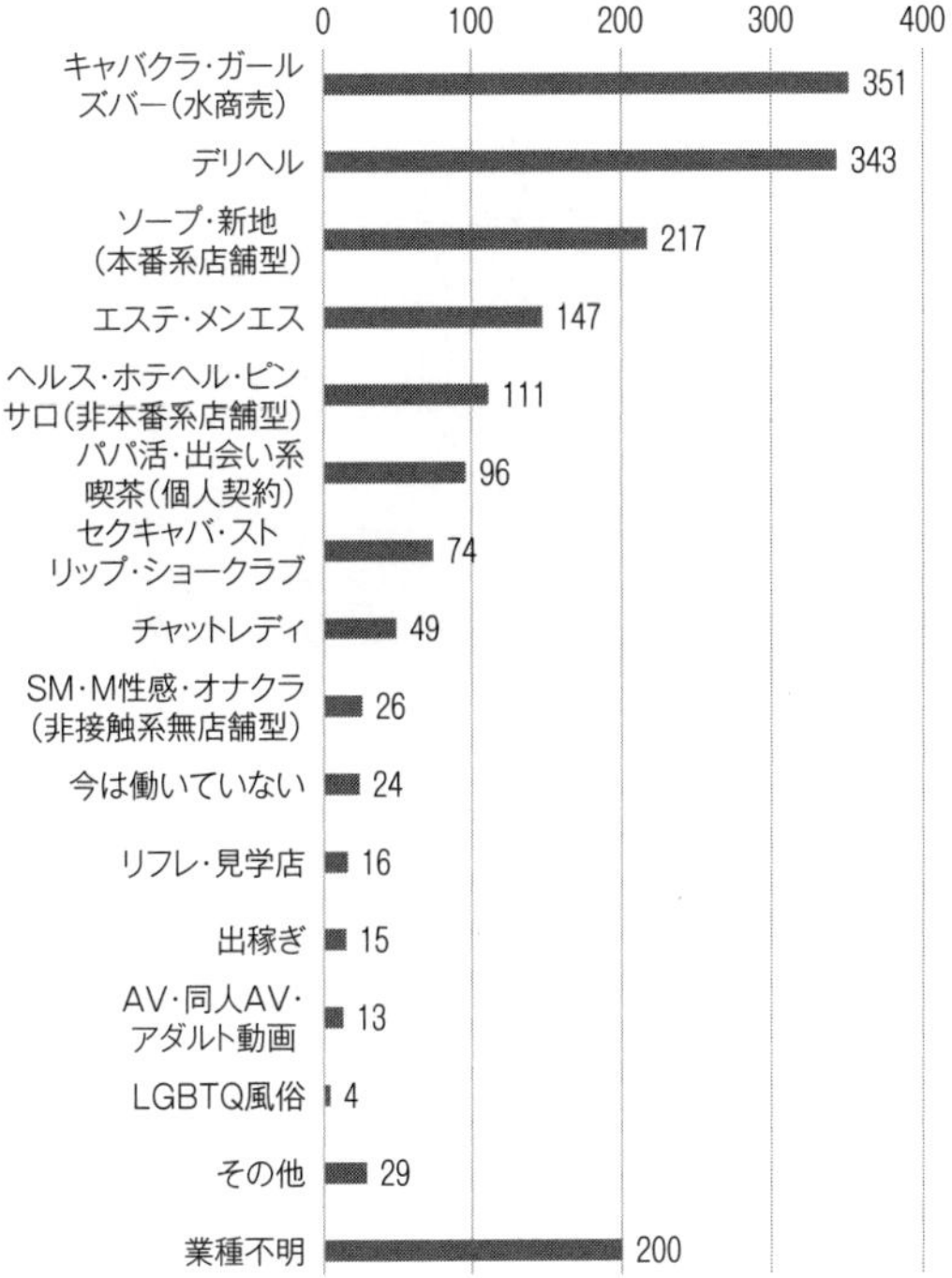

ている人は少なくない。福祉的就労だけでは十分な収入が得られない、障害者雇用枠での仕事がなかなか長続きしない、といった問題はあるが、これらの支援や制度によって経済的・精神的に助かる人が数多く存在していることは、揺るぎない事実である。

行政や民間の就労支援については、「つながったけれども、うまくいかなかった」人ばかりに注目が集まりがちだが、就労支援に「つながっていない」「存在自体を知らない」人もまだまだ多い。就労支援が行き届いていない状態で、就労支援の限界について語るのは時期尚早だろう。

この二十年間で、発達障害や精神障害を取り巻く社会の状況は大きく変わっている。障害のある人への合理的配慮が行き届けば、脱ぐ仕事を選ぶ女性をゼロにすることはできなくても、望まずに脱ぐ女性を確実に減らすことができるはずだ。

## †重要なのは、職種よりも「伴走」と「配慮」

性風俗の仕事をやめた後、佳菜子さんは介護の仕事、あやめさんは公務員の障害者枠で採用されている。みかこさんは、ハローワークで福祉の仕事を勧められている。

佳菜子さんは、セカンドキャリアとして介護の仕事を選んだ理由として、「今までやったことのない仕事で、今からでも自分にできること」「三十代でも若手として見てもらえること」「資格取得後、一定期間働いたらお金が返ってくる制度があったこと」を挙げている。

介護福祉の仕事と公務員の共通点は、その仕事を目指すにあたって様々な支援制度があり、採用された後も一定の配慮を受けられる、という点だ。もちろん、いずれの仕事も収入は決して高くないが、人手不足の現在、求人そのものがなくなることはない。

長い間夜職一本で生活していた女性が昼職に移行する上でつまずきやすい点は、「仕事自体がない」ということよりも、「履歴書をどう書けばよいかわからない」「面接でどう答えればいいかわからない」という準備段階である。

それに加えて、「採用されても続ける自信がない」「職場の人間関係がうまく行かなかったらどうしよう」といった不安が、就労に踏み出すことをためらわせる壁になる。「お店のスタッフやお客様からはまともな情報は出てこない」と佳菜子さんが語っていたように、昼職への移行を利害関係や下心抜きで支えてくれる人には、夜職の世界ではなかなか出会えない。

こうした準備段階でのつまずきや不安を解消するためにも、伴走してくれる就労支援の果たす役割は大きいと言える。重要なのは、職種よりも、就労前〜就労後に、こうした伴走や配慮が得られるかどうかにかかっているのではないだろうか。

ゆかりさんはスーパーのパートの仕事にやりがいと安らぎを見出している。夜職女性のセカンドキャリアというと、介護や福祉、エステの仕事が挙げられがちであり、それらの仕事に従事する女性も多いが、実際にセカンドキャリアとして選ばれる仕事の選択肢は、一般企業への就職から独立開業まで、多岐にわたる。就労前後の伴走と配慮が得られる職種が増えれば、夜職女性のセカンドキャリアの選択肢も、それに比例して増えていくはずだ。

### †性風俗は労働なのか

就労を妨げる要因、就労を実現するための条件を分析していくと、本書のテーマの一つである「性風俗とは何か」という問いに対する答えが、おぼろげながら見えてくる。

そもそも、性風俗は労働なのだろうか？　税務上、風俗嬢は個人事業主になり、稼いだ収入は給与収入ではなく、事業収入になる。しかし、そのことを意識している女性は少なく、確定申告をおこなう必要があること自体を知らない人も多い。

ゆかりさんは、「労働ではない」と言い切っていた。確かに、納税もしない・スキルも必要とされない・ただ楽しいだけの仕事は、労働ではないだろう。労働と恋愛、労働と遊びの境界線を曖昧にして稼ぐ仕事、と言い換えてもいいのかもしれない。

一般の仕事で働くことに困難を感じた女性が、性風俗の仕事を選ぶ。男性客が性風俗店の女性に求めることは、素人らしさや恋人らしさであり、「プロの労働者」であることを求める男性客は少ない。在籍女性が「プロの労働者」であることを売りにしている店も少ない。

つまり、女性も、男性客も、店も、性風俗の仕事に労働者性を求めていないのだ。むしろ、労働者性を曖昧にすることで、三者それぞれが価値を得たがっている。通常の労働では得られない収入、通常のサービスでは得られない体験、通常の経営では得られない利益を得て、おいしい思いをしたい、という気持ちがある。

一方で、遅刻や当日欠勤をせずに真面目に出勤し、リピーターを確保して売上を上げ、店舗に貢献する、という労働者性の強い働き方をすることもできる。現在のデリヘルは、広告に多額の費用を投じて集客する形になっているため、店舗としては、リピーターを確保して、初めて利益が出る仕組みになっている。男性客から「また会いたい」と思ってもらえるためには、女性側にも接客の努力が必要になる。佳菜子さんのように、個人でオリジナルイベントを開発するなど、日々の接客技術の研鑽を怠らない人、自己管理のスキルが高い人だけが長期継続的に稼ぐことができる、という現実もある。

つまり、性風俗の仕事は、労働者性が求められていない一方で、完全に労働者性を排除することもまた難しい、というジレンマを内包している。

## †性風俗は症状なのか

みかこさんは、援助交際や性風俗の仕事をしていたことの背景に、「お金に対する異常な執着心」と「自傷行為」という二つの要因があった、と分析している。「どれだけお金を稼いでも不安が消えない」「両親を困らせたい、傷つけたいから、その代わりに自分の身体を傷つけている」のだとすれば、それは労働ではなく、病気による心身の異状＝「症状」に近い。

あやめさんも、性風俗の仕事と並行してリストカットをしており、「自分を痛めつけている方が、かえって心が楽になる」と述べている。

症状を露呈すること、病んでいる状態であり続けること、それ自体がお金になる、ということであれば、性風俗は、労働と症状の境界線を曖昧にして稼ぐ仕事、とも言える。

性風俗の世界は、何よりも「高収入」「稼げる」ことが喧伝される世界だが、冷静に考えれば、普通に生活していくうえで、月収百万円を稼ぐ必要は全くない。しかし、常に金の流れの中に身を置いていないと安心できない、常に自分を痛めつけていないと安心できない、という人のために作り込まれた世界であると考えれば、納得がいく。

誤解のないように急いで付け加えると、性風俗で働くこと自体が「病気」というわけではない。性風俗で働いている人全員が「患者」というわけでもない。「自らの症状を逆手に取って稼ぐことができる」「病んでいればいるほど稼げる（場合もある）」という特殊な空間になっている、ということだ。

症状で稼ぐことを繰り返しても、症状は治らない。むしろ悪化する。そして悪化すればするほど、さらに仕事に没頭する形になり、結果として稼げるようになってしまう……という悪循環がある。

## †「人の役に立っていると感じる」稀有な場所

性風俗の仕事には、労働者性を曖昧にして稼ぐ、労働と症状の境界線を曖昧にして稼ぐという側面があるが、その一方で、労働との共通点もある。それは、人の役に立っているという実感と自信を得られる場所である、という点だ。

あやめさんは、性風俗の仕事について、「発達障害の人間でも「人の役に立っている」という感覚を得られる、とても貴重な場所」と総括している。働くということは、人の役に立っているという実感を得ることだ。

誰かの役に立ちたいけれども、迷惑をかけるばかり、と悩んでいる発達障害の人にとって、性風俗の仕事が「人の役に立っている」と感じられる稀有《けう》な場所になっていることは、紛《まぎ》れもない事実である。

性風俗の仕事で得られるものは、履歴書に書けるような資格やスキルではなく、「人の役に立っている」という感覚から得られる自己肯定感＝自信だと言える。この自信こそが、社会の中で働くうえで、最も大切なものだ。自分に自信をもつことができれば、それが次の仕事へのステップになる。

### †就労後も、消えない未練

性風俗の仕事をやめて、一般の仕事についた後に生じる最も大きな副作用は、「戻りたい」という気持ちに襲われることだ。

ゆかりさんは、一度リゾートバイトの仕事に移行するも、再び性風俗の仕事に戻っている。みかこさんは、経済的な余裕がある一方で、心の中ではまだ完全に折り合いがついていないために、「戻るかもしれない」と感じている。あやめさんは、性風俗で働いていた時のことが懐かしくなって、ふと「戻りたい」と思う時もある、と語っている。

安心や幸福といったポジティブな状態は、実は無条件で享受できるものではない。長年不安に追われて、孤独の中で生きてきた人は、安心して暮らせる環境や、愛情深いパートナーを見つけることができても、「不安になっていないと不安」「自分には愛される資格がない」と感じて、形状記憶合金のように、以前の生活に戻ってしまうことがある。安心や幸福を受け入れ、享受し続けるためにも、一定の前提や訓練が必要になるのだ。

性風俗の仕事への未練を語っておらず、出戻りもしていないのは佳菜子さんだけである。「自分の中では、やりきった、という思いはあります」「たくさん働いて、お客様にも大勢ついて頂いて、稼がせてもらった」と語っている。この世界でやるべきことはすべてやった、得るべきものはすべて手に入れた、という実感があれば、未練や執着を断ち切ることができるのだろう。無論、それは誰もがたどり着ける境地ではないが。

## †恋愛やセックスへの関心が消失

もう一つの特筆すべき副作用としては、性行為に関心がなくなることだ。佳菜子さんは「風俗の仕事をやめてから、自分の身体をいたわってあげられるようになりました」と振り返る一方で、恋愛やセックスに対する興味関心が一切無くなったと述べている。

みかこさんも、パートナーとの性生活がなくなっているが、「身体を提供しないと人とつながれない、という感覚」が残っており、身体の提供を介したコミュニケーションを取らないと「自分には存在価値がないのでは」という気持ちになってしまう、と語っている。

性風俗の仕事を長期間続けていると、性行為に対する感覚が麻痺《まひ》してしまったり、金銭を介さない性行為が逆にできなくなってしまう、ということが起こり得る。

性行為ができなくなる・関心がなくなるということは、他者とつながるための回路を一つ失う、ということに他ならない。これらは、社会の中で生きていくうえで、金銭感覚の狂いと同じ、あるいはそれ以上に深刻な副作用だろう。

性生活の欠如が、やめた後の生活にどのような影響を及ぼすのかは、今回のインタビューでは明らかにできないが、性風俗の仕事に一定期間従事することで、パートナーとの性行為ができなくなる・関心がなくなるリスクがある、ということ自体は、より広く周知されるべきだろう。

## †誰もが自分の名前で働ける社会を実現するために

佳菜子さんは、「自分の名前で呼ばれて仕事をして、やりがいを感じたい」「源氏名を使って作られた世界観の中で演技をするのではなく、これから先は本名で働きたい」と語っている。

性風俗の世界では、女性は本名ではなく源氏名で働く。仕事で得た評価は源氏名の自分に対するものであるため、本名の自分の評価にはつながらない。

労働という観点から見ると、性風俗は、労働と遊び、労働と恋愛、労働と症状の境界線を曖昧にした仕事である。曖昧であるがゆえに、責任を負わずに済むし、何かあればすぐに「飛ぶ」ことができる。そして本名を使わずに働くことができる。仕事で嫌なことや失敗することがあった場合でも、傷つくのは「源氏名の自分」であり、「本名の自分」は一切ダメージを受けずに済む。

客観的に見れば、性風俗はいかにも心身が傷つきそうな仕事に思えるが、それまでの人生で、他者や社会から様々な傷を負わされてきた当事者にとっては「これ以上、自分を傷つけずに働ける場」になっていると言える。それゆえに、通常の労働から疎外された人たちを包摂《ほうせつ》できる、というわけだ。

しかし、働くということは、他者や社会の中で揉まれて、傷を負いながらも成長していくことだ。自分が傷ついたとき、他者を傷つけてしまったときに、そうした現実と逃げずに向き合い、どのように振る舞って行けばよいかを考えて、試行錯誤していくことが求められる。

性風俗の世界という自分を傷つけずに働ける場で過ごした期間が長くなればなるほど、通常の労働に戻ることは困難になっていく。

彼女たちが源氏名で働かざるを得なかった理由である就労を妨げる個人的・社会的な原

因を分析し、それらを一つ一つ解消していくことができれば、誰もが自分の名前で働き、経済的・精神的に自立できる社会を実現するためのロードマップが見えてくるはずだ。

## コラム1　最も忌み嫌われ、最も頼りにされている男たち

二〇二四年十二月、警察庁は、性風俗店が女性の紹介を受ける見返りに、女性の売上に応じてホストやスカウトに「スカウトバック」と呼ばれる報酬を支払う行為を禁止し、刑事罰の対象とする方針を発表した。路上やSNSで女性を勧誘して性風俗店に紹介するスカウト行為は、それ自体が違法行為（職業安定法違反等）になる。しかし、本書のインタビューでも出てくるように、スカウト経由で性風俗の仕事を始める女性は後を絶たない。

スカウトは、女性に対して「稼げる店」を紹介することを謳《うた》っている。しかし、それは「スカウトにとって稼げる店」、つまりスカウトバックの高い店であることが多い。そして、スカウトを利用している店の多くには、スカウトを使わないと女性が集まらないだけの理由（危険かつ違法なサービスをしている、客層が悪い、反社会的勢力につながっている等）がある。紹介された「稼げる店」で働くことは、必ずしも女性にとって最善の選択ではない。

それでも女性たちがスカウトに頼る背景には、「一人では動けない」「責任を取りたくない」という二つの要因が隠れている。「短期間で楽に高収入を得たいけれど、自

分一人では、いつ、どの店で、どうやって働いたらよいかわからない」「怖くて面接にも行けないし、お店に電話することもできないから頼れる男性に、お店選びから働く期間、条件の交渉、入退店時のやりとりなど、すべてを自分の代わりにやってもらいたい」「でも、結果に対して責任は取りたくないので、うまく稼げなかったときはすべて、その男性のせいにしたい」

スカウトの男性たちは、女性たちのこうした願望を、一切否定せずに尊重する（ように見せかける）。ＳＮＳ上で「保証」「確実」「誰でも稼がせます」といった強い言葉を連呼している彼らの姿は、裏の世界のソーシャルワーカーのような存在にも思える。メンタルが不安定になりがちな夜職女子とつながり、秒でＬＩＮＥを返信し、不安に寄り添い、共感し、励まし、明日も出勤できるようにエンパワーメント（本人が本来持っている力を引き出すこと）を行う。

ただ、スカウトの目的は、女性の幸福や社会的自立ではなく、あくまでスカウトバックである。女性が性風俗の世界に依存すればするほど、彼らの利益は増える。

このようにスカウトは、ホストやパパ（買春男性）と同様、多くの女性から忌み嫌われ、軽蔑されている存在であると同時に、多くの女性に頼られている存在である。男性依存と男性嫌悪は表裏一体だ。女性にとって、都合の良すぎる男、見たい夢をそのまま見せてくれる男は、自分の持っている願望のはしたなさ、そして自分の惨めさを見せつけられるがゆえに、自己嫌悪を掻き立てる存在になる。

その自己嫌悪に向き合うことこそが、現状から抜け出すための鍵になる。スカウトに対して感じる気持ちを冷静に分析することが、脱がずに生きるための第一歩になるはずだ。

第二章

# 時計と窓のない世界

## 1 風俗は自分にとっての「原点」です

理容室を個人経営している緑さん（仮名・四十二歳）は、仕事の合間に、「家族にバレるとまずいので」という理由で、公園の駐車場に停めた自家用車の中から、Zoomで取材に応じてくださった。

緑さんが性風俗で働いた時期は、二十一歳から二十三歳までの二年間と、三十一歳から三十三歳までの二年間、合計二回。十八歳から理容師として住み込み修行を始めたが、毎月の給料は八万円。当時交際していた男性がお金を使う人で、経済的に余裕が欲しかったこともあり、彼氏には内緒で働き始めた。

緑さんが住んでいた地域は、風俗街があることもあり、コンビニや書店など、至るところに性風俗の求人情報誌が置いてあった。ローカルの情報誌に掲載されていた求人広告を見て、なんとなく「ここでいいや」と思って、ヘルスの店を選んだ。本番はないほうがいいと思っていたので、ソープは避けた。

最初の客のことは、あまり覚えていない。スタッフが講習をしてくれたことは覚えているが、DVDを一通り見せられて「こうしてくださいね」と言われただけ。具体的な指導もなく、「出勤したら、適当に衣装を着て、適当に接客して」という感じだった。

客の質もあまり良くなかった。若い客も中年の客も本番を要求してくることが多く、それを断ると態度が変わったり、無理やり挿れようとしてくる人もいた。

## †プレイにも技術がいる

そんなとき、近くにマットヘルスの新店がオープンすることになったので、最初の店は二カ月でやめて、新しい店でオープニングキャストとして働くことにした。

その店は運営がしっかりしており、スタッフが女性をとても丁寧に扱ってくれた。出勤の際の出迎えはもちろん、退勤の際には、スタッフが玄関に靴を揃えて出して、見送ってくれた。

マットヘルスとは、ソープでおこなわれている「マットプレイ」（全面にローションを塗ったエアマットの上で、女性が客に密着して洗体や性的サービスをおこなうこと）を売りにしているヘルスである。マットプレイは、女性側にも高いスキルが要求される。緑さんも最初は思うように指名が取れず、お茶を挽く日が続いたという。

「マットプレイを覚えるのは大変で、一年間はお茶挽きでした。最初の講習で、マットプレイの手順はきっちりお店のスタッフから教わるのですが、細かいところはオリジナリティが必要になります。動くスピードや圧力、密着度合いなども、お客様の満足度にすごく影響します。なるべくお客様に接している身体の面積を増やしたり、ゆっくり動いたほうが気持ちいいとか……。あとは心遣いですね」

そんなとき、風俗講師の女性が発売しているマットプレイのスキルを磨くためのDVDがあることを知り、すぐに購入。DVDを観ながら、抱き枕を相手に練習を重ねて、一生懸命に技術をコピーした。最終的には自分で練習用の「マイマット」を購入し、スキルの向上に励んだ。

緑さんは週に一回しか出勤していなかったが、講師の女性が「出勤しない日も、ブログは毎日アップしなさい」と言っていたので、毎日ブログをアップした。ブログのアップにもコツが必要で、ただ露出度の高い写真をアップすればいい、というわけではない。

「エッチなことと面白いことをかけ合わせた内容を、エッチな写真と一緒にアップする、ということを心掛けていました。次第に、ブログを見たお客様が興味を持って会いに来てくださるようになりました。

お客様は、仕事で一生懸命働いて稼いだお金を持って会いに来てくださる。それを考えると粗末には扱えない。時間いっぱいにサービスをしたい、と考えていました。

お客様の中には、意地悪な方や怒ってしまう方もおられますが、それには必ず原因がある。その原因をケアすると、笑ってくれる。しかめっ面しかしない人も、心を開いてくれるようになります」

こうした努力の甲斐もあり、毎回店に出勤する時点で、既に「完売」（出勤時間がすべて指名客からの予約で埋まっている状態）になった。九時半から十六時半までの間、食事を取らずに接客して、一日で五万円程度を稼ぐことができた。

「理容師の収入八万円と、マットヘルスの収入が毎週五万円×四＝二十万円あれば、十分に生活できました。田舎なので、そんなにお金はかからないし。私は本業の休みの合間に稼ぎたかったので、出勤を週一回以上増やすことはしませんでした。

風俗の仕事は、脱ぐか脱がないか、というだけで、意外と普通の職業と変わらない。私は人に何かをしてあげるのが好きなので、本業の理容師よりも天職だと感じていました。接客業の勉強にもなるし、充実感もありました」

店自体も急成長し、オープンの時に十名だった女性は、五十名を超える人数にまで増加した。男性客も、若者からシニアまで、幅広い層が来店した。

「マットヘルスで働く女性の中には、覚悟を持って働いている人もいれば、小遣い稼ぎのような気分で、サンダルにスウェットで出勤してくる女性もいました。

一方で、覚悟を持って働いている人は、指名もたくさん入り、忙しくされていました。仕事への意識や覚悟の有無で収入は変わる、ということを学びました」

## †生活のために、もう一度性風俗業へ

二十四歳で、理容室のお客として知り合った年上の男性と結婚。それをきっかけに、マットヘルスの店はいったんやめた。

夫との間に子どもが三人生まれ、仕事と育児で忙しい毎日を送っていたが、緑さんが三十一歳のとき、夫が失業。収入が途絶えてしまい、どうしたら稼げるかを考えた結果、もう一度、以前勤めていたマットヘルスの店に戻ることにした。

二十代のときと同様、本業の合間に週一回だけ、子どもたちを保育園に送ってから出勤

した。家族との関係自体は良好だったので、決してバレることがないように、隠し通した。家ではいつも通りお母さん業をやって、いつもの仕事に行く体《てい》で、いつもの時間に家を出て、気持ちを切り替えて出勤。そして、いつもと同じ時間に帰ってくる、というルーティンをうまくこなした。

「復帰後は、それまでの経験もあって、お客様の人生上の苦労など、悩みに答えられるようになりました。セックスに関することもだいぶ知識がついていたので、慈愛の心で接することができるようになったと思います。

男性が風俗を利用する動機について、二十代のお客様は主に性欲の発散ですが、四十代から五十代のお客様は、奥様とのセックスレスなど、家庭の悩みがあったり、仕事で頑張っていることへの癒やしが欲しい、という気持ちがある。その上の年代になると、「勃たない」などの身体の変化や心の寂しさを訴える方が多いです。どの年代も、風俗を利用する一番の理由は「寂しさ」なのではないでしょうか。

接客中は、笑顔と優しさ、気遣いも含めて、「話をよく聞いてあげる」ことを意識していました。お客様は、身内にも友だちにも言えないような思いを打ち明けてくださります。誰かに背中を押してもらいたい、優しさが欲しい、理解して欲しい……など、性欲の発散だけでなく、色々な感情が交差する不思議な場所、それが風俗です。

健康上の問題や恋愛の悩みに対して「こうしたほうがいいんじゃないですか」とアドバイスすることもありましたが、ご本人の気持ちに寄り添ってあげるのが一番だと思います」

マットヘルスの仕事を再開してから、客もつくようになり、収入は安定した。稼いだお金は、家計をうまくやりくりして、一円も使わずに、全て金庫にしまっておいた。

## †貯金で理容室を開業

「理容師との収入のギャップはありましたが、「それはそれ」という感覚だったので、稼いだことで金銭感覚が狂うようなことはありませんでした。

仕事をする上で特に大きなトラブルはなかったのですが、膀胱炎《ぼうこうえん》で血尿《けつにょう》が出たことがありました。マットプレイでは、股の間にお客様の腕や足を挟んで滑らせる「たわし洗い」など、様々な技があります。常に姿勢を変えながら、そしてお客様に密着しながらサービスをおこなうので、色々な部分が痛くなります。膝が痛くなったり、乳首が擦り切れることもありました。病院に行ってから出勤することもありましたが、私は週一回だけの勤務だったので、次回の出勤までに治ってしまうことが大半でした」

同業の女性とのつながりは、全くなかった。店舗型のヘルスでは、在籍女性は各部屋に一人ずつ待機しているので、横のつながりが生まれるようなことはなかった。世間体や家族への身バレを防ぐために、自らＳＮＳのアカウントを作って発信するようなこともしなかった。集客のための宣伝は、店のホームページ内に掲載されている写メ日記だけで十分だった。

ヘルスの仕事をしていることは、一人だけ話を聞いてもらったこともあったが、ほとんど誰にも話したことはない。

「誰かに話を聞いてほしい、という気持ちもありましたが、言えないですよね……」

そんなとき、亡くなった親族が所有していた物件を利用して、理容室を開業できることになった。マットヘルスの仕事で貯めたお金を頭金にして、独立して開業。そのタイミングで、店もやめた。

「それからは現在に至るまで、理容業一本の生活です。風俗の世界には、特に未練はありません。お店のスタッフも、「期間限定で働いてほしい」「ずっとはやってほしくない」と言っていたので」

大きなトラブルもなく、家族や知り合いにバレることもなく、生活費や開業のための資金をきちんと稼いだ上で、スパッとやめることができた。

性風俗の仕事から完全に離れて、十年以上が経った。現在は理容業に専念しているが、ネットで性に関する情報をオープンに発信しているユーチューバーなどを見ると、自分も何かの形で、社会に向けて発信したい、と感じるときもある。

## †心の隙間を埋める仕事

「地方でのSNS発信は世間体などのリスクが大きいし、私には家族もいるので、現実的には難しいのですが、風俗や男女のあり方などのイメージを変えていくような発信ができれば……と思うときはあります。風俗業界には、もう少し、昔の遊郭《ゆうかく》のような味わい深さや品性を出してもらいたいです。

知り合いの方から、いわゆる「立ちんぼ」（路上売春）の女性とホテルに行った時の話を聞いたことがあるのですが、ひどいですね。シャワーは別々に浴びる。部屋に戻ると、女性がベッドの上で足を広げて待っている。そんな相手では、心は癒やされないのではないでしょうか。

現役で働いている女性の方々には、勉強と貯金をお勧めしたいです。勉強して得た知識を人のために使って、お金も入ってくる、というのが正しい流れ。知識がないと、人に与えられない。

将来年を取って動けなくなったときのために、目的を決めて、投資で稼ぐ、起業で稼ぐ、知識で稼ぐなど、自分なりのシナリオを作って、利益を出して投資に回す、というサイクルをつくっておかないと、あっという間にベッドの上で死ぬ瞬間になってしまう、と私は思っています」

改めて振り返ってみると、性風俗は、自分にとっての「原点」だったと感じている。

「うまく表現できないのですが、風俗は自分にとって、そして人間にとっての原点だと思います。自分に立ち返る場所であり、自分の隠せない本質をさらけ出す、全て取り払って生まれたときの心理状態に戻るような……。お互いに裸になって、素に返るところ。普通の家庭のお父さんも、お金持ちの経営者も、脱いでしまえば一緒ですよね。

私自身は、人助けを人生のテーマにしています。それが裸での付き合いか、髪を切るかの違いであって。今も理容師の仕事も、髪を切るのはおまけで、お客様のお話を聴きながらのマッサージなども行っています。風俗も理容も、お客様の心の隙間を埋めることが使命なのではないでしょうか」

## 2 苦しむ必要のない苦しみを味わっていた

レイコさん（仮名・三十五歳）は、現在ヨーロッパの大学で博士課程に在籍しながら、非常勤の教員をしている。現地から、オンラインで取材に応じてくださった。

レイコさんがこの世界に足を踏み入れたのは、十九歳の時だった。きっかけは、生活費を稼ぐため。短大に進学した後、自分で働いて生活費を稼ぐ必要が生じた。学費は両親が払ってくれたが、奨学金だけでは毎月の家賃分にも届かない。周りの友人の中には、奨学金を借りず、親からの仕送りも受けずに働いて、単位を落とす人もいた。レイコさんは、学生生活の中で勉強することを最優先にしたかったので、そうしたことはやりたくない、と思った。

## †勉強するには、時間とお金がどちらも必要

土日だけ働いて、一カ月分の家賃と生活費を補える仕事をしたい。そう考えたときに、必然的に浮かび上がってきたのが性風俗の仕事だった。当時住んでいた地域はホテヘルが多かったが、知らない土地で、知らない客と待ち合わせをしてホテルに行く……ということが怖かった。

最寄駅の近くに、店舗型のピンサロの入っているビルがたくさんあったので、その中の一つの店を選び、働くことにした。この地域では条例の施行でヘルスが無くなったこともあり、店舗型はピンサロしか残っていなかった、という理由もあった。

「とにかく、時間がほしかったんです。時間内にきちんと仕事をして、終わったらさっさと帰りたい。自分でお客さんに営業する時間がもったいないので、キャバクラも無理でした。店舗に行ったらお客さんが待っていて、仕事をして、移動も待機もなく、終わったらお金をもらってすぐ帰れる、という働き方がベストでした」

昼夜逆転の生活はしたくなかったので、土日のオープンから夕方までの時間帯に出勤し

た。生理の時期を除くと、実働は毎月六日程度。一回の出勤で三万円を持って帰れたら良い方だったので、フル出勤して月収は十万円から十五万円弱だった。

「ピンサロは、基本的には口だけのサービスです。最初に出勤したときは、気分が悪くなりました。待機室にいた他の女性たちに「どうだった？」と話しかけられて、「気持ち悪いです」「お昼ご飯食べれないです」と、その時だけ話を聞いてもらいました。でも慣れたら、平気になりました」

一つの部屋に女性が集まる集団待機の店だったが、レイコさんは待機時間中は他の女性たちとは喋らずに、本を開いてずっと勉強していた。

「お客さんがついたら淡々とこなして、待機時間は一人で端っこに座って、本を読んだりしていました。変な子みたいに思われていたかもしれません。トラブルもない一方で、人との関わりもなかったです」

短大では、高い学費の元を取ってやろうという気持ちで、平日は授業を目一杯入れて、取らなくてもいい単位もたくさん取った。就活している時間がもったいないと感じて、就職活動はせず、ひたすら勉強に集中した。

ピンサロでは、短大を卒業するまでの二年間働いた。在籍中、大きなトラブルはなかったが、性感染症には悩まされた。最後の頃は、クラミジアや淋病の咽頭《いんとう》感染で、出勤するたびに喉がやられた。

在学中は、アリバイ作りのために、週に一回塾の講師のバイトもしていた。しかし、二、三時間の立ち仕事をするたびに高熱が出て、立っていられなくなった。変だなと思って病院で検査を受けたところ、自己免疫疾患が見つかった。普通の立ち仕事は、二時間でフラフラになって熱が出てしまうため、難しいことがわかった。

## †「健康状態」の不安

就活もきちんとしておらず、自分が将来何がしたいのかもわからなかったので、卒業後は地元に帰った。ピンサロで働いて頑張って短大に通い、卒業したにも関わらず、振り出しに戻ってしまった。

地元に戻った後、実家には帰らずに一人暮らしを始めた。二十歳を超えていたので、これ以上親のすねをかじって生きることはしたくなかった。しかし、家賃や病院代の負担が重く、これからの生活費をどうやって確保すればよいのか……と迷った。

「当時は履歴書に「健康状態」という欄があったんです。病気があると、面接で突っ込まれる。「この仕事は、できますか？」と聞かれても、やってみないとわからないじゃないですか。でもそれを言うと、面接で落とされてしまう。そうした悪循環の中で、なかなか仕事が見つかりませんでした」

そんなとき、高校の友人から「今デリヘルをやっているんだけれど、一緒にやる？」と誘われた。面接の際に、店長には自分の病気や体調のことを説明して、週に一、二回だけ、体調が良いときに店に電話して出勤する、という形で勤務を始めた。

デリヘルで働き始めて、「こんなに清潔なのか！」と驚いた。シャワーを浴びていない客に対して、口でサービスをしなければならないピンサロとは異なり、デリヘルはサービスの前に必ずシャワーを浴びる時間がある。これまで極めて不衛生な環境で働いていたことに気付かされ、「ピンサロは怖い！」と思った。

「私はすごく汗をかくので、お客さんにはいつも「ごめんね」と謝っていました」

デリヘルの仕事では、一日出勤して十万、土日で二十万、という破格の収入を得ることができた。それだけの金額をどうやって稼いだのか、と尋ねたとき、レイコさんはやや口ごもった。

## †本番の方が「安全」

「本当はいけないんですが、私は本番をしていたんです。お店のルールでは本番NGなので、最初はしていなかったのですが、途中から、生でフェラするよりも、ゴムをつけて本番するほうが安全だし、身体にも負担がかからないことに気づいて。そこでお客さんと交渉して、追加料金を個人的にもらいながら本番をする形に切り替えました。それで、週末出勤で二十万円稼げるようになりました」

前章でも説明したように日本の法律では、金銭を介した性交(売春)は法律で禁じられているが、金銭を介した性交類似行為は、禁止されていない。風営法の範囲内で、合法的に営業することができる。しかし、性風俗の仕事は密室で客と女性が一対一になるので、「本番NG」とうたっている店や業種でも、女性が客と直接交渉して本番を行っているケースは一定数存在し、それを完全に防ぐことも難しい。

高収入を得られるようになったことで、無事に毎月の家賃や病院代も払えるようになった。しかし、そのデリヘルの店長は、女性に出勤を強要する、機嫌が悪くなると物に当たるなど、DVを匂わせる気質があり、一年弱ほどでやめることになった。

「出稼ぎで隣県に行ったとき、無理やり店に泊まらされて「明日も出勤しろ」と言われて。そんなとき、プレイ中にケガをしちゃったんです。股が裂けて、血まみれになってしまって。しばらく出勤できない状態になったこともあり、「やめます」と電話で伝えて、退店しました」

### †戦略を練って安全に働く

その後は、再び友人の紹介で、地元にあった店舗型のヘルス（箱ヘル）で働き始めた。男性が受け身になり、女性が攻めるスタイルのM性感の店であり、女性が受け身になることがない上に、普通のヘルスと同じくらいの収入を稼ぐことができる、という点が気に入った。

Ｍ性感で稼ぐためには、痴女タイプや女王様タイプなど、キャラクター作りが重要になる。レイコさんの容姿や性格にも合った働き方ができる店だったので、二十一歳から二十七歳まで、六年間にわたって在籍した。

「私は身長が高かったので、完全な女王様タイプでキャラ作りをしました。痴女タイプにすると、お客さんとキスとかもしなければならないし、飢えているお姉さんを演じなければならないので、面倒臭い。

女王様なので、触らせない。脱がない。お客さんも、そうしたことを求めている人はつかなくなる。Ｍ性感はキャラ作りに頭を使うのですが、「自分はこういうお客さんを相手にしたい」という戦略さえ決まれば、後はどうにでもなる。色々学ばないといけないので、楽ではないけれども、受け身のお店よりも、すごく安全に仕事をさせてもらうことができました」

自分自身の性格やスタイルに合った形で、キャラの設定と指名客を固めることができれば、リスクの多い性風俗の世界でも、安全に働くことは可能である、というわけだ。

レイコさんは、キャラ設定に加えて、出勤日と出勤時間も完全に固定させていた。仕事と割り切るため、そして売上の変動で精神的に落ち込まないために、稼げる日であっても、そうでない日であっても、出勤時間を増減させることはしなかった。

「今日はお茶を挽いているから、次の日に出勤時間を延ばす、といったことは一切しませんでした。そもそも好きなものを買ったり、贅沢な暮らしをするために風俗をしていたわけではなかったので。収入は、生活費と病院代のために使っていました」

性風俗の仕事をしていることは、友人には話していた。出会い系サイトでの援助交際がピークだった世代ということもあり、高校時代に援助交際をしていた友人が十八歳になって性風俗で働き始める、というケースも身近にあった。

「友人がそうしたことをやっているのは以前から聞いていたので、私も風俗の仕事を始めたときは、友人に話しました。そこからどんどんつながっていって、「実は私も……」となる。一回打ち明ければ、やっている者同士で繋がれるようになります」

ヘルスの仕事を始めてから、体調も良くなったので、昼の仕事も入れながら、通信制の四年制大学に編入した。学費もヘルスの収入で支払うことができた。

## †ヨーロッパでの生活で感じた驚き

「短大の時にフェミニズムの授業にハマってしまって、大学でもそうした勉強がしたかったのですが、風俗の仕事をしていることと、矛盾はしていましたね。フェミニストの視点では、風俗は性的搾取であり、人身売買の世界なので。ただ当時は、本当に風俗がなければ生活ができなかった。個人の問題というよりは、風俗をしないと生きられない社会の問題だと思っています」

大学卒業のタイミングで、転機が訪れる。ヘルスの仕事をやめて、一年間ヨーロッパで生活することにした。

「将来やりたいことは特になかったのですが、大学の授業で外国語を学んだので、せっかくだから一年くらいワーキングホリデーでヨーロッパに行っておこう、と考えました。目標ができたので、そこに向かって貯金して、目標の金額が貯まった段階で、風俗の仕事はやめました。

やめるときは、次のステップに向けて仕事を辞職する感じでした。大丈夫かな私、また戻ってしまわないかな、という不安もありましたが、意外とすんなりやめられました。研究や勉強が好きなので、研究者の道に行けたらいいな……という思いはあって、本当は大学院に行きたかったのですが、年齢も二十七歳になり、これ以上風俗で働きながら大学院に行くのはしんどいなと。とりあえず一年ヨーロッパに行ってみて、その先は後で決めよう、と考えました。やることがなかったら、風俗を続けていたかもしれません」

それから一年間、ヨーロッパの国で暮らして、その国の住みやすさ、そして生きやすさに驚いた。

「私のように身体が弱い人間には、とても優しい。日本では、病院代のために風俗で働いてたような状態だったのですが、この国では税金が高い分、福祉の制度がしっかりしており、医療費もかからない。日本では、風俗で働いて補わないといけない部分が、この国では、全て社会保障でカバーされている。

最初の一年は言葉がうまく喋れなかったので、レストランで働いたりしながら、最低賃金の収入で暮らしていたのですが、それでも日本に住んでいたときより、生活は全然苦しくなかった。特に贅沢な暮らしはしていなかったですが、明日の病院代のことを考えなくても良くなった。学費も無料なので、学費をどうしよう、と考える必要もなくなった」

## †日本社会に対する疑問

この国に住みたい、と考えて、現地でヨーロッパ人の男性と結婚した。

「夫とはヨーロッパに行く前に出会っていて、もともと自分の人生において結婚という選択肢を考えたことはなかったのですが、来年のビザをどうしよう、という話になったときに、学生ビザに切り替えると仕事ができる時間が限られてしまい、生活が苦しくなる。じゃあ結婚しようか、ということになりました」

二年目は現地の大学の外国人向けのクラスで語学の単位を取り、三年目に専門学校で日本語の教師として働き始め、四年目に大学の外国語講師になると同時に、修士課程に入った。

「自分は運が良かったと思います。日本ではやりたいけれどあきらめていたことが、こっちで全て実現するようになった。希望が見えて、夢を取り戻せました」

フルタイムの講師契約が終了し、非常勤の契約に切り替えて、今年から博士課程に入った。博士課程を終えたら、研究者としての実績を積んで、准教授になることを目指している。ポストの空きは少なく、狭き門ではあるが、とにかく論文を書いて実績を積みたい、と考えている。

「日本にいたときは、風俗にすごく感謝していました。風俗がなければ、私は生きられなかった。明日食べるものもなかったので、出勤して、その日のうちにお金を持って帰れるということが、本当に救いになっていた。

しかし、この国に来て、あんなに苦しい思いをする必要はなかったんだ、あんなことをしなくても生きられる環境がこの世界にあるんだ、と感じました。私がもしこの国で生まれていたら、絶対にこんなことにはなっていなかった。苦しむ必要のない苦しみを味わっていた、と思います。

本来であれば、こんな苦しみは、誰も味わう必要がないはず。誰も通るべき道ではないはずなのに、そうさせてしまっている日本社会に対する疑問が湧くようになりました」

性風俗で働いた経験は、今の研究にはすごく生きている、と感じている。

「私はフェミニズムや女性の権利に軸を置いて研究しているので、風俗での経験、全部が役に立っていると思います。一方で、つらいこともありますね。研究しているうちに、働いていたときの嫌な思いとか、自分のトラウマが蘇《よみがえ》ったり。夜の仕事を経験したら、誰にでもあることだと思いますが。

夫は、私の過去をすべて知っています。当時の辛かったときのことを話したりするけれども、それで楽になるわけでもない。こればっかりはしょうがないですね」

## †セックスがどうでもよくなってしまった

性風俗で働いたことによって生じた意識の変化の中で、レイコさんが最も自覚しているのは、セックスに対する価値観が変わったことだ。

「風俗をして唯一後悔しているのは、セックスに対する価値観が、一般の人とまるっきり違うようになってしまったことです。デリヘルで本番をやっていたこともあって、相手が誰であっても、何も感情が湧かないようになってしまった。当時は自己防衛としてそうしていたのだと思いますが、無意識のうちに、何も感じないように脳が設定されてしまったのかもしれません。

それが癖になってしまって、そもそもしたいと思わなくなった。したとしても、頭の中では別なことを考えている。何も感じない。何か入っているな、くらいしか思わない。

その影響で、夫との結婚生活に危機が訪れることもあります。私は本当にセックスがどうでもいいのですが、夫にとってはそうではない。二人にとってとても大事なことである、と考えており、今度セックス専門のカウンセラーに相談しに行こう、と話し合っています。

結婚生活を続けていくためには解決しないといけないんだろうな……と思うのですが、個人的には本当にどうでもいい。夫が外で誰と何をしようがどうでもいい、という気持ちもあります。

ただ、これは自分だけの問題ではなく、夫と二人の問題なので、きちんと解決策を見つけないといけないのだろうなと感じています」

性風俗の世界から離れて月日が経っているが、その時のつながりはまだ残っている。レイコさんの友人の中には、今も性風俗で働いている人もいる。結婚して子どもが生まれたタイミングでやめる人もいたが、シングルマザーになって、また性風俗の仕事に戻るケースもあるという。

最後に勤めていたヘルスの店とはまだつながりがあり、修士論文を書いているときも、店長に電話でのインタビューに協力してもらった。

「最後のお店はすごく良いところでした。個人経営ではなくグループ経営だったので、システムがちゃんとしていた。円満に卒業することができました。

ただ、きちんと自分に合ったお店を選べて、働き方をコントロールできる人は少ないと思います。店長と話したとき、「そうしたことがきちんとできたのは、これまでの七年間の中で、あなたともう一人しかいなかった」と言われました。

そもそも、時間通りに遅刻せずに出勤できる子自体が、すごく少ない。障害や病気など、何かしら普通に働けない事情を抱えている人も多い。それに対しても理解のあるお店や店長を選ばないと、苦しいですよね」

一方、性風俗に行く男性、性風俗を利用する文化については、否定的な感情を抱くようになった。

## †切羽詰まると将来が見えなくなる

「風俗は人身売買だと考えているので、風俗を利用する男性は軽蔑します。ヨーロッパでは、男性が女性をお金で買うことは、とても恥ずかしいこととされているので。それに影響されているのかもしれませんが、気持ち悪い文化だなと思います。

ただ、人は切羽詰まったときは、先が見えなくなりますよね。私も、短大を卒業して、これから家賃や病院代などの生活費をどうやって稼げばいいのか、となっていたときは、将来のことは全く考えられなかった」

レイコさんは、「風俗で働かなくても、女性が暮らしていける社会」が理想だと考えている。

「私は今、それが実現できている国にいるので、実現できないはずがない。学費や生活費で困った若い女性が「風俗で働く」という選択肢しか選べないことは、日本社会の大きな問題です。

この先風俗業界がどうなってほしいかというよりも、もう少し社会的弱者に対する支援制度や環境を整えていく必要があると思います。私自身も、改めて振り返ってみれば、もっと福祉に関する制度の知識があれば、助けが得られたのかもしれない。誰もが支援を受けられる制度や環境が整っていけば、風俗で働くことを選ぶ人は、自然と減っていくのではないでしょうか」

## 3　風俗嬢は医者に向いているかもしれません

真央さん（仮名・三十代）が夜の世界に足を踏み入れたのは、中学生の時だった。両親共に医者の家庭で育ったが、両親の関係が悪化。父親が家を離れ、母親は新しい彼氏をつくり、真央さんと三人での同居生活が始まった。

母親や新しい彼氏から虐待を受けるようになり、とても家の中に居られる状況ではなかったので、夜の繁華街をさまよい歩き、声をかけてきた男性とホテルに行く、ということを繰り返した。

「中学の頃は、一回二万円でホテルに行っていました。郊外の街なので、そのくらいの金額が相場なのかなと思っていました。そこからおじさんとパパ活のような関係になって、毎月お金をもらって会う、という流れに持っていくことが多かったです。出会いの手段としては、mixi（ミクシィ、SNSの草分け）や「前略プロフィール」（学年や住んでいる地域、趣味などの自分のプロフィールをインターネット上で公開できるサービス）を使っていました。帰るところがなかったので、男性の家に泊めてもらうこともありました。

また当時（二〇〇〇年代半ば）は、未成年で身分証がなくても働けるお店があったので、そうしたところで働いてお金を稼ぐこともありました。年齢的にはまだAVに出られなかったので、新宿でふらふらしていた時に出会ったスカウトからの紹介で、着エロのDVDに出演したこともあります。十代の女の子がマイクロビキニを着て、際どいポーズを撮影されるような仕事ですね」

## †「やさしい」おじさんたち

絵に描いたような「夜の街を彷徨《さまよ》う、未成年の家出少女」だったが、行政の福祉制度や民間の支援団体には、一切つながっていなかった。両親共に医者という家庭で、社会的にも経済的にも福祉的な支援にはつながりづらい環境だったことに加え、家庭の問題で悩んでいる子どもが匿名で相談できる窓口についても、存在自体を知らなかったので、「誰かに相談する」という選択肢自体が思い浮かばなかった。

「たまたま、おじさんたちに良い人が多かったので、それで大丈夫でした。中学から高校まで、一応学校には行っていたので、夜男性の家に泊まって、そこから登校することもありました。

男性の年齢は二十代から六十代まで様々で、大学生くらいの人もいました。私がご飯を作ったり、相手から作ってもらったり。いずれも良い人が多かったので、特にトラブルはなかったです。

私のような女性を家に泊める動機は……毎日そういう行為ができるから、だと思います。その都度、お金はきちんともらっていました」

高校卒業後、看護の専門学校に進学。専門学校の学費は、これまで自分で稼いだお金で全額支払った。

「看護の専門学校はＡＯ入試で、名前を書けば入れるところでした。人のためになる仕事がしたかったので、看護師はいいなと思って。親が医者という影響もあると思います。

でも、学校は途中でやめてしまいました。先輩の看護師が怖すぎましたね。実習記録を指導役の看護師に見せると、きつい言葉で詰められたり、無視されたりする。自分もそのように厳しく育てられたから、後輩にもそうしてやろう、という人が多かったのだと思いますが、「看護学生には人権がないんだな」「これ以上、ここで学ぶのは無理だ」と思って、やめました。

専門学校にいた頃から、お金も貯まったので、自分で家を借りて住むようになりました。契約の名義はパパでしたが（笑）」

専門学校を中退した後、しばらくは友人とバンドをやっていたが、「まともな仕事に戻りたい」と考えて、キャバクラでも働き始めた。

「お酒は好きだったので、楽しく働いていました。キャバクラは、いかにお客さんと寝ないで関係をつなぐか、ということが大事なのですが、私はすぐにお客さんと寝てしまうタイプでした。寝た後も一応お店には来てくれるけれど、最大の目的を果たしてしまったので、もういいかな……と思われてしまうことが多かったのかもしれません。キャバクラでは二、三年働いて、その後は普通の飲食店で働いていました」

夜の仕事は、ＡＶの収入がメインになっていった。

「身バレはあまり気にならなかったですね。単体女優ではなく、企画女優として出演することが多かったので、あまり顔を出してはいなかったです。

当時は、月額で五百万円程度稼いでいました。ＡＶ業界がまだ潤っていた時代で、稼ぐことのできたタイミングだったのだと思います。単体よりも企画の方が、様々な仕事に出られるので、稼げる。地方にも行きました。デリヘルやソープに「ＤＶＤに出ている子が来るよ」という感じで箔をつけてもらい、短期間出勤することはありました。特定のお店に長期間在籍して、ガッツリ働くことは少なかったです。

月収五百万円の期間は、合計で五年くらい続いて、稼いだお金は、使い道もなかったので、ほぼ貯金していました。ブランドもホストも好きではなかったので」

仕事を続ける中で、大きな事件やトラブルに巻き込まれるようなことはなかったが、性感染症には悩まされた。

「性感染症は、クラミジア、淋病、梅毒など、たくさんもらいました。感染してしまったら、いったん仕事を休んで治して、それからまた働いて……ということを繰り返していましたが、不妊の原因になる病気もあるので、今考えると恐ろしいですね」

ＡＶや性風俗の仕事では、同業の女性たちとは基本的にコミュニケーションを取っていなかった。

「みんな、他の女の子と話しちゃうんですよね。その方が精神的に楽になるし。でも、私は怖くて話せなかった。お客さんを取られてしまうと思っていたので。あまり関わると怖いなと考えて、距離を取っていました。ＡＶで同じ撮影現場になった子でも、挨拶するくらいで、連絡先を交換するようなことはなかったです」

そんな中、二十代半ばの時に、医者になるため、大学の医学部を受験することを決意する。

### †三十歳の壁

「ＡＶを含めて、夜の仕事は二十代後半までだなと思っていました。ＡＶの世界は、企画女優として細く長く続けている人も多いのですが、「三十歳を超えるとつらい」という声は、周りからも聞いていたので。

その当時、自分の周りで体調を崩したり、入院する人が多くて。看護の専門学校に入った時の「人の役に立つ仕事がしたい」という思い自体は変わっていなかったので、医者になるため、医学部を受験することを決意しました。

キャバクラの先輩に、医学部に行きたい気持ちがある、と話したことがあったのですが、その先輩からは「絶対行ったほうがいい」と強く勧められました。「私は夜の世界にズルズルと居続けて、三十歳になってしまった。やりたいことがあるのであれば、こんなところで働いていないで、今すぐに勉強したほうがいい」と言われて。

貯金は、医学部受験を決意した時点で六千万円は貯まっていたので、私大の医学部でも学費を全額自分で払う余裕はありました。夜の仕事をやっていた人の特権ですね」

AVの仕事は、受験勉強を始めた時にすっぱりとやめた。中学時代に援助交際で知り合ったパパとはまだ関係が続いていたので、生活費などを援助してもらった。

## †全然違う世界で生きる

「それまで全く勉強してこなかったので、算数の足し算・引き算から始めました。最初は一人で勉強を始めて、個別指導の塾なども利用しました。最後の一年は医学部の予備校に通って、朝から晩まで勉強しました。

塾や予備校では、私自身が得体の知れないヤツすぎて。謎のフリーターみたいな立場でした。当時は短パンにキャミソールで、胸を強調するような格好ばかりしていたので、塾で怒られました。「医学部を受けるのであれば、服装もきちんとしないとダメだ」と言われたのですが、そのときはなんで怒られるのかも分からなかった。他の学生はまともな子が多かったので、そこから一般社会で生きていくために必要なマナーを学びました。人前でおっぱい出さないことは大事だなと、ようやく気づきました（笑）」

医学部の入試では、面接がある。夜の仕事をしていた女性にとって、面接は鬼門だ。「これまでの職歴を尋ねられた時に、どう回答するか」という難問に向き合わざるをえなくなる。

「医学部の面接では、「なぜ医学部を受けるのか」といった質問に加えて、「専門学校を中退してから期間が空いているけど、その間、何をしていたのか」など、これまでのことを色々と掘られるんですよね。

面接対策のために、予備校の先生と一緒にストーリーを考えて、回答をチェックしてもらって、言葉もうまく言い換えて。これまで私が生きてきた世界とは全然違う、堅い世界の人たちと話す準備をすることは大変でした。ただ、諦めないでやれば、必ず受かると思っていました」

努力が実を結び、二十代の後半で、首都圏の私立大学の医学部に合格を果たした。合格した後、これまで援助をしてくれていたパパや、AVの関係者とのつながりを全て切った。どの大学に合格したのかも伝えなかったが、SNSをやっていなかったので、その後につきまとわれるようなこともなく、スムーズに関係を切ることができた。

「医学部での毎日は、とても楽しいです。再受験で入った人など、思っていたよりも色々な人がいました。基本的には、ある程度ちゃんとしている人というか、恵まれた家庭で育った人が多かったですね。私立の名門幼稚園に入って、そのまま大学まで同じようなバックグラウンドの人たちと過ごしてきた、みたいな。

今は、プライマリケア（総合的・包括的な診療）ができる医師になることが目標ですね。病気ではなく人を診ることができる医師を目指しています。今まで家族以外の他人から沢山の恩を受けて、ここまで生きてくることができました。今まで受け取った恩を、私がこれから出会う人に繋げていきたいです。

夜の世界で働いている女性の支援は、絶対やりたいと考えています。自分がもともとその世界にいたので、性感染症のリスクも減らしたい。差別されがちな世界ですが、一括りにはされたくないです」

現在は、夫と子どもと一緒に暮らしている。

「私は男性と付き合うと、デートが面倒臭くて、一緒に住んでしまうんですよね。彼と同棲を始めて、一年位で子どもができたので、入籍しました。夫が熱心に子どもの面倒を見てくれて助かっています」

出産後、それまで関係が悪かった母親とも普通に話せる関係になり、孫の生活費も援助してくれるようになった。

「母親の彼氏が亡くなったこともあり、関係は戻りました。母親は一人で生きていけないタイプで、今は宗教に入れ込んでいます。当時を振り返ると、私自身が母親のケアをしていた部分もあったので、今で言うヤングケアラーだったのだと思います。AVや風俗で働いていたことは、夫には話していますが、母親には一切話していません」

## †社会に求められている実感

医学の勉強と子育てを両立している中で、AVや性風俗の世界に戻りたい、という気持ちは湧いてこない。

「今は、医学や育児などを通して、自分が社会的に求められている、と感じられているので、夜の世界には戻れないし、戻らない、という気持ちです。自分の中で、やりきった感もあります」

医学の勉強をしている中で、夜の世界で働いていたことが役立っている、と感じる場面もある。

「ストレートで大学に行った人に比べて、色々な世界を見てきたので、人間の多様性を知り、受容できる機会を得ることができたと思います。相手のことを理解できなくても、否定せずに受け止めることができるようになった。患者さんも色々な人がいるので、その時に、風俗嬢だった頃の視点はすごく生きると思います。医者は、病気を診るだけでなく、人を診ることが求められます。患者さんの置かれている社会的な背景を理解する必要があるので。

また風俗をやっていたおかげで体力もあるので、当直もこなせます。人と距離を縮めるスキルも身につきました。意外と風俗嬢は医者に向いているかもしれません。

一方で、デメリットとしては、医者になるような環境で育ってきた人たちとは、生きてきた環境が違いすぎるので、社会的なマナーに加えて、医者の世界独特のマナー、学歴の高い人たちにとっての暗黙の了解がわからない。仕事や業務外でのコミュニケーションについても、「今の返し方で失礼じゃなかったかな」と、いつも迷っています」

## †自分と他人の線引き

現役で働いている女性に対しては、自分のためにお金を使ってほしい、と強く思っている。

「稼いだお金をホストに使って溶かしても、何も返ってこない。ホストに使う前に、むしろ健康診断を受けてほしい。自分の身体と向き合ってほしい。ホテルに泊まって、VIPな気分で受けられるプランもあるので。身体に異常を感じたら、すぐに病院に行ってほしい。ホストの声ではなく、自分の身体の声を聞いてほしい。稼いだお金は、誰かのためではなく、自分の心や身体をいたわるために使うこともできるんだ、と知ってほしいです」

自分のためにお金を使うには、どのようなきっかけが必要になるだろうか。

「夜の仕事をしている人は、人のために何かをすることが好きな傾向がある一方で、人とのコミュニケーションが苦手な人も多いと思います。個人でできる仕事や活動を通して、「人のために何かをしたい」という気持ちを適切な方向に向かわせることができれば、そこから自分のためにお金を使うことができるようになるのではないでしょうか。

そのためのきっかけとしては、夜の仕事以外のつながりが必要になると思います。私はボランティアが好きで、児童養護施設など、色々なところに行っていました。そうした場でも、きっかけやロールモデルを得ることはできるはずです。

あとは、活字に触れること。待機時間には、インスタやTikTokなどの動画だけを見ないで、書店で面白そうな本を見つけて、読んでみてほしい」

医学部で充実した毎日を送っている現在から、夜の街を彷徨っていた十代の頃を振り返ると、当時は「一人になるのが怖い」という気持ちがとても強かった、と感じる。

「昔は一人でいるのが嫌で、常に誰かと一緒にいたかった。パパも含めて、誰かと一緒にいれば、さみしい気持ちや不安な気持ちは埋まったので。自分と他人の境界線が曖昧だったのだと思います。

でも、医学部の受験がきっかけで、変わりました。それまでほとんど勉強したことがなかったので、疲れて字が読めなくなったこともありましたが（笑）、受験に打ち込むことができて、一人でも続けることができた。

風俗で働いている女の子は、一人でいることに耐えられない、という子が多いと思いますが、自分の好きなことを一人でできるようになると、楽になるのではないでしょうか。

自分と他人の間に、境界線をきちんと引くことが大切だと思います。「自分を大事にしろ」と言われても、そもそも自分と他人の線引きができていなければ、何を大事にすればいいのかわからない。線引きをするのはとても怖いけれど、それができれば、自分のために歩いていけるようになる。

誰かのためでなく、自分のために生きる訓練として、私は、自分の好きなもの・嫌いなものを書き出してみました。好きなものと嫌いなものをリストアップして、どのようなことをした時に自分は楽しいと感じるのか、ということを自覚できれば、そこから、自分のために時間を使うヒントが見えてくる。

以前は、「自分と他人が違うのは悲しい」「わかり合えないのは悲しい」と思っていたのですが、今は「わかり合えない上で、歩み寄っていくことが大切」「違う存在であるからこそ、お互いの違いを尊重することが大事」と考えられるようになりました」

新宿・歌舞伎町の「トー横キッズ」（家庭や学校に居場所がないために、新宿東宝ビルの横周辺でたむろしている若者たち）をめぐる報道を見ていると、昔の自分のことを思い出す。

「当時の私もそうでしたが、トー横のような場所で救われている子もたくさんいる。ただ排除や浄化をするだけでなく、その後にどうするのか、まで考えてほしい。
貧困の連鎖を止めるために必要なのは、結局は教育だと思います。自分の居場所がない、夜の世界にしかいられない、と思い込んでいる子には、他の世界や居場所は必ずある、と伝えたいです」

## 4 女性として生きていくために、風俗で働くことを利用しました

会社員の渚《なぎさ》さん（仮名・三十七歳）は、大学時代に二年間ほど風俗で働いた経験がある。地方の公立高校を卒業した後、一年間の浪人期間を経て、東京の大学に進学。高校の頃から仲の良かった女友達が、「大学院の進学費用を稼ぐためにキャバクラの面接を受けたい」と言い出し、それに同行したことが、性風俗の世界に足を踏み入れるきっかけになった。

キャバクラの面接は二人共不採用になり、実際に働くことはなかったのだが、彼女が困ったときに助けるお金が欲しい、と思った。また、当時は親と反りが合わなかったので、自分が生まれてから大学卒業までにかかる費用（概算で二千万円）を親に叩き返したい、という気持ちもあった。

## †「商品」になるという自認

「両親はどちらも堅い職業で、昔ながらの「女性はこうあるべき」という価値観が強かった。今思うと、私自身にも悪いところはあったのですが、当時はとにかく親と性格が合わなかった。私は小学校の集団行動も苦手なタイプだったので、堅い性格の親からは「矯正させなければ！」と見えたのでしょう。それが苦しかった。

家を出るためには、東京に進学するしかない。このまま実家にいて親と揉めるよりは、自分が東京に行って自立すれば、みんなが幸せになる、と思っていました」

渚さんは、援助交際が流行した世代のひとつ下くらいの年齢だったこともあり、中学の頃には、メディアでの報道を通して、自分が売れる＝商品になる、という認識は持っていた。それに加えて、同い年の友達に誘われてテレクラ（テレフォンクラブ）に電話して、友達と一緒に男性に会ってみる経験をしたこともあり、性風俗の仕事を選ぶこと自体に大きな抵抗はなかったという。

「風俗で働きはじめたことに、明確な目的はなかったです。お金目的でもあったし、興味本位でもあったかな。大学で周りに風俗をやっている人は、誰もいなかったです。世代的には、いわゆる自傷系に入るのかもしれません。当時、社会学者の宮台真司さんの本を読んで、「あーなるほど、自分はこういうことだったのか」と思った記憶があります。上野千鶴子さんの思想も自己理解や社会適応の助けになったように思います。なんで自分がこんなに生きづらいのか、という疑問への一種の解が示されていた。自分で言語化できない部分を言語化してくれました。

また、お茶の水女子大（当時）の熊田陽子さんの風俗に関する研究に触れたことも、一つのきっかけだったような気がします。あの頃、セックスワーク論が流行っていたのではないでしょうか。働き始める前にそうした情報に触れたのか、それとも後だったのか、どちらが先だったのかを問われると自信がないですが……」

最初に入った店は、池袋にあった学園系のイメクラ（イメージクラブの略。女性が様々なコスチュームを着用して性的サービスをおこなう）だった。

「最初のお店を選んだ理由は忘れました。無理に答えると、話を作ってしまいそうなのですが、イメクラなので、あまり脱がなくても良かったというところがとっつきやすかったのでは、という気がします。

イメージプレイについても、それほど高レベルなことは求められなくて、コスプレに近いような感じでした。希望があれば、やれることはやります、という感じでした。

今でも覚えているお客さんは、三十歳前後の男性で、お店に来てもプレイをせずに話をするだけという人です。お話をするだけではダメなんじゃないか、と思って頑張ってプレイをしたら、それ以降お店に来なくなってしまった。悲しかったですね……」

## ✝卒論のネタ

池袋のイメクラでは一年弱働いたが、客から個人契約を持ち掛けられたことがきっかけになり、「もういいかな」と思ってやめた。その客との愛人関係はしばらく続いたが、ストーカーになりそうな予感がしたので、大学を卒業する一年ほど前に関係を切った。

イメクラをやめたあとは、五反田のホテヘルで一年ほど働いた。男性側がM（受け身）のお店で、在籍女性の年齢層は比較的高いところだった。

「入店しようと思ったのは、大学の卒論（文化人類学）のネタになると思ったから、ということもありました。当時、研究者の熊田陽子さんが、ご自身が風俗店の受付で働きながら女の子たちに話を聞く、という研究をされていて、受付よりも、自分がキャストで入った方が面白いのでは、と思いました」

Mの男性客が相手だったので、接客中に変なことをされたり、不快な言葉をかけられたりすることはほとんどなかった。当時はSNSもスマホもなく、ネットの掲示板で書き込みをされる程度で、働く上で大きなトラブルは特になかった。仕事で得た収入は、基本的には全額貯金していた。ファッションには興味がなく、女性として着飾りたいという意識もなく、Tシャツにジーンズで過ごしていた。

親からの仕送りもあって、生活には困っていなかった。学費についても、全て親に出してもらっていたので、仕事に使う服を買う程度で、他に使うところはなかった。

店には待機部屋が二つあり、女性の属性によって分けられていた。渚さんは、基本的に「お金に困っていない女性たちの部屋」で待機していた。

「看護師として働いていた人や金融機関に勤めていた人など、専業の人も兼業の人もいましたが、皆誇りやプロ意識を持って、自分で選んでこの仕事をやっていました。風俗で働く女性の中でも上澄みの人たちだったので、バイアスはかかっていると思いますが、すごいなと。目からウロコでした。私はそれまで、仕事はアルバイトくらいしかしたことがなかったので、真面目に週五、きっちり働いている人には、そこで初めて会った。人間的にも魅力的な人たちでした」

その部屋には、選択肢が少ない中でこの仕事を選ばざるをえなかった、という女性はほとんどいなかった。働かなくても生活できるが、プラスアルファの収入を得るために、自分の意思で選んで働いている、という人が多かった。

### †風俗「なんか」じゃない

「待機中にある女の子が、お客さんから「なんで風俗なんかで働いているの」と言われた、ということを話題にしたら、昼職と兼業で働いている優しい感じの子が、自分が言われたわけでもないのに「風俗「なんか」という言い方はひどい！」と怒っていたのが印象的でした。「風俗なんか」という考え方に私も囚《とら》われている、と認識させられました。女性同士の仲は良かったです。学生の私に対して、年上のお姉さんたちがとても優しく接してくれました」

一方で、もう一つの部屋には、シングルマザーなど、お金に困っている女性たちが集まっていた。選択肢のある人たちだけが働いているわけではない、という現実も知った。

「卒論は、職業選択の自由の中に風俗があってもいいんじゃないか、という着地点を考えていました。しかし、現実には、経済的な理由で働いているシングルマザーの方もたくさんいる。風俗の仕事で高い金額を稼ぐことができるのは、この仕事にスティグマ（社会的な偏見・差別に基づく負のイメージ）があるからです。職業に貴賤が無くなって、一夫一婦制という制度が消え、好きな人以外とセックスしてはいけない、といった価値観が無くなれば、参入者が増えて、風俗の仕事は稼げなくなる。そうなれば、かえってシングルマザーの人たちが困窮に追い込まれることになるのではないでしょうか。

悩んだ結果、「性風俗をしている人が差別されている状態はよくない」という結論に着地しました。個人の選択や職業の多様性が尊重される社会になることで、結果的に風俗で働く女性たちが守られることになるはず。そう考えたのですが、でも、それって結局彼女たちを守られる立場、弱い立場に置いたままになってしまうので、忸怩《じくじ》たる思いがありました。

理想だけで言えば、風俗も同じ職業として扱われるべきだと思いますが、それは現実を見据《みす》えてない空論かなと。私自身は、嫌いな親のおかげで金銭的にはあまり困ったことがなかったので、なおさらそう感じました。

五反田のお店で私が喋ってきた女の子たちは、「自分はこうしたい」という価値観を持っている人が多かった。しかし、風俗で働くほとんどの女の子は、そうじゃない。差別がどうとか、風俗が職業として認められるべきかどうかには、全く関心がない。当事者のニーズは、そうした抽象的な議論をすることにはない。

大学院に進学したいという気持ちもあったのですが、納得の行く着地点を見つけられなかったこともあり、院に行くのはやめて、就職を選びました」

卒論に必要な情報を集めることができた後、就活に集中するため、五反田の店はやめた。大学卒業後は、性風俗の仕事はきっぱりとやめて、新卒で入った会社の仕事に専念した。もともと性風俗で稼いだお金は使っていなかったので、金銭感覚が狂って困るようなことは一切なかった。

社会人になった後も、五反田の店で出会ったお姉さんたちへの尊敬の念は消えず、人としての目標になった。

「就職してからも数年間は、「私は彼女たちを超えられているだろうか」「自分も頑張らないと」と思っていました」

性風俗の仕事は、相手のニーズを汲み取ったうえで、相手が求めるものを提供する、という点において、営業職に似ている、と渚さんは考えている。お客一人ひとりのメモを取って、電話番号を管理して、接客前にメモを見て、覚えている感を出す。接客中は空気を読みながら、サービスをおこなう。

こうした地道な工夫を繰り返すことで、反響が出て、稼げるようになり、自分に自信が持てるようになる。

「まさに営業の基礎ですよね。風俗の仕事を通して「営業は楽しい!」ということを学ぶことができたので、キャリアの原点を築くことができたと思います」

## †女性に擬態した

一方で、現在の視点から改めて振り返ると、性風俗で働き始めた本質的な理由は、自身のアイデンティティの確立だったのではないか、と考えている。

「当時は自分の性自認がよくわからず、これからどう生きていけばいいか、悩んでいました。そうした中で行った試行錯誤の一つが風俗だったのかもしれません。

私自身は、男性が好きではなく、恋愛感情も湧かなかった。周囲から女性らしく振る舞うことを押し付けられても、「それは無理」と思う時期が長かった。

高校に入ってからは、バンカラな校風の中で準男性的な存在として扱われていたので、女性らしさと向き合わずに生きてこれました。しかし、大学に入って周囲から女性扱いされることが増えて、「やだやだ無理」「どうしよう」と困惑しました。男性と交際する機会もありましたが、「セックスはしたくない」と伝えて、破綻してしまうこともありました。

でも、最終的には「女性として生きたほうが、この社会では楽だ」ということに気づいた。男性とお付き合いするのは無理だけれど、風俗＝仕事という形であれば、男性と接することができる。女性として生きていくために、風俗で働くことを利用した、という気持ちはありました」

性風俗で働く中で、女性らしさや女性としてのスキルを身につけることができて、男性と友達以上の関係性になることも、一応できるようになった。そうした振る舞いができるようになって、生きづらさは若干減った。

「女性として性的に男性に接する練習ができたうえに、お金がもらえた。もし風俗をしていなかったら、自分はどうなっていたんだろう……と思うことはあります。

風俗の仕事をしたことで、男性に対する意識というか、男性の性欲への許容範囲は広がったと思います。チューしたくないけれども、一応できます、となった。とりあえず女性としての「型」を覚えられたことは良かった。

私は子どもの頃から、かわいい女の子に自分の子どもを産んでほしい、という気持ちがあったのですが、大学の時に、それは決して叶わないことだとはっきり理解しました。どんなにかわいくて、養ってあげたい女の子がいても、その子は私の子どもは絶対に産めない。

もっと女性らしくならなきゃ、その方が得だから、と考えるようになりました。損得勘定ですが、上京して親から離れたことで、親に割いていたエネルギーを別の方向に割けるようになって、その考えにたどり着いたのかもしれません。

東京に出てきて、地方の価値観が画一化されていること、そして自分がいかにバックグラウンドの均質化された空間にいたのか、ということに気づきました。東京では、みんな違っていいし、自分で選んでいい。選択権を与えられた気がして、フラットに考えられるようになった。

そうした中で、昔は「こうあるべき」という押し付けに感情的に反発していましたが、女として生きたほうが現代では得だし、楽だな、と。社会に反発するのは無駄なエネルギーだなと合理的に考えて、就活のレールに乗っかった。「女性に擬態した」と言えるかもしれません」

渚さんは、自身の性自認については、今でも「よくわからない」と感じている。女性ではない、という気持ちはあるが「男性である」という強い自覚は全くないので、性同一性障害というわけでもない。年齢を重ねて、現在は楽に生きられているので、無理に答えは出さなくてもいい、と考えている。

最近、男性とのセックスは良いものだと思うようになった。一方で、「なぜ私にペニスがないのか」「あったらいいのに」と残念に思うときもある。

「今からゼロ歳に戻って好きな性別を選べるのであれば、男性を選びたい。でも、それはもうできない。ベストは選べないけれども、ベターを選んだ。妥協して折り合いをつけたことについて、悔しいと思う部分もありましたが、風俗を通して、大人へと移行することができたと思います。

今すごく幸福かはわかりませんが、風俗で働かなければ、もっと辛い人生だったのではないかと思います。もちろん、他の方法でも社会に適応する道を見つけられたかもしれませんが、風俗で働いていなければ、イデオロギーの塊になって、ずっと世間に反発していたかもしれません」

## †企業で正社員として働く

新卒で入った会社は、年収も高く、仕事も楽しかった。「風俗よりも会社で働いた方が稼げるじゃないか」と思った。

「風俗は、キャバクラと違って収入に上限があるので、最大でも年収一千万くらいですよね。そして長い目で見れば、風俗はキャリアにつながりづらいので、企業で正社員として働いた方が、生涯年収で考えても圧倒的に得。今は売り手市場なので、正社員にならないのはもったいないと思います」

「親に叩き返す」ためのお金は、三十歳手前で貯めることができた。ただ、既に親と離れて十年近く経っていたので、自分も子どもだったなと反省して、そのお金は自分で大事に持っておくことにした。今でも親とは、つかず離れずで縁は続いている。

三十代後半になり、収入もキャリアも安定しているので、性風俗の仕事に戻ることはもう二度と無い、と思っている。

「今は人事の仕事をしているので、社内の若手にも同じことが言えますが、風俗でも会社でも、人間が労働に費やす時間は長いので、将来の展望が持てなかったり、イヤイヤやっているようであれば、やめたほうがいい。仕事を楽しんで成長につなげてほしいです」

## 5 誰かのためではなく、自分のために生きる

本章で自らの体験を語ってくださった緑さん、レイコさん、真央さん、渚さんは、いずれも自分なりの目標を見出し、それを達成することによって、性風俗からの卒業を実現している。

本節では、この四名の事例を通して、目標の達成によって脱がずに生きることを実現す

るための条件、及び課題を考えていきたい。

女性が性風俗の仕事に参入する動機で、「生き延びるため」と並んでイメージされやすいものが、「目標の達成に必要なお金を稼ぐため」である。進学や資格取得、留学や海外旅行、開業や起業等のために短期間でまとまったお金をつくる必要が生じた場合に、即日高収入と謳われている性風俗の仕事を選ぶ、というイメージだ。

しかし、全ての女性が目標達成のために性風俗の仕事を選ぶわけではない。本章でインタビューした四名は、いずれも当初は他の理由で性風俗の仕事を始め、その後に自分なりの目標が浮かび上がってきた、というケースである。「目標達成のために脱ぐ」という選択肢をダイレクトに選ぶ人は、決して多数派ではない。

緑さんは、交際相手がお金を使う人で、「経済的に余裕が欲しかった」という理由から、交際相手に内緒でマットヘルスの仕事を始めている。その後ブランクを経て、夫の失業を理由に復帰し、独立・開業という目標を実現する目処が立った時点でやめている。

最初は恋人、配偶者、家族など、自分以外の誰かのために性風俗の仕事を始めて、その後に自分なりの目標を見出している。「誰かのため」ではなく「自分のため」に仕事を続ける、というケースだ。

レイコさんは、生活のために性風俗の仕事を始め、収入が増えて生活の不安がある程度解消された後に、通信制大学への編入、ヨーロッパへの留学、そして研究者になるといった目標を見出している。

中学生の頃から家出と売春を繰り返していた真央さんも、AVや性風俗の仕事で高収入を得られるようになった後、二十代半ばで医学部の受験という目標を見出している。

生き延びるだけで精一杯の状況では、目標は見えてこない。自分なりの目標を設定できるようになる前提として、経済的・精神的な安定が必要になる。

大学入学後に、お金目的や興味本位で性風俗の仕事を始めた渚さんは、当時は自分の性自認がよくわからず、これからどう生きていけばいいか悩んでいた。改めて振り返ると、自身のアイデンティティの確立という目標を達成するために働いていたのでは、と自己分析している。

様々な事情で夜の世界に迷い込んだ女性たちが、仕事で得た収入や経験によって目標が明確化され、「お金のため」でも「誰かのため」でもなく、「自分のため」に生きることができるようになった……というストーリーになれば美しいが、そう一筋縄ではいかない。夜の世界は、目標の設定や達成を妨げる誘惑に満ちている。

## †時計と窓のない世界

夜職に従事する女性が働いている職場や空間には、時計と窓が見当たらないことが多い。キャバクラやホストのフロア、ラブホテルの部屋、ソープランドの個室、いずれも時計が目に見える場所に置かれていなかったり、窓が締め切られていたりする。

これは外界（社会）から隔離された非日常の世界である、という演出の一環であるが、風営法の規制で、外から客室が見えないようにそもそも窓がない・あっても開けられない仕組みになっている、というケースもある。

性風俗の世界では、女性が自分の好きな時間に出勤して、好きな時間に退勤できる完全自由出勤制を取っている店が多い。こうした店で働いている場合、時間を意識する必要が薄れる。

またこの世界では、実年齢を明らかにする必要がないため、いくらでもサバ（逆サバ）を読むことができる。自分の都合に合わせて時間をコントロールできる（と思い込める）世界になっているわけだ。

目標を達成するためには、時計（時間）と窓（社会）を意識して動く必要がある。社会の中で設定された締切や条件に合わせて、決められた時間の中で結果を出さなければならない。しかし、時間の流れを感じづらく、社会との接点が少ない夜職の世界では、目標を設定すること自体が困難になる。その結果、働く店や働き方を自分でコントロールできず、目先の利益やその日の気分に流されるだけの生活になってしまいがちだ。

レイコさんは、「きちんと自分に合ったお店を選べて、働き方をコントロールできる人は少ないと思います」と述べている。在籍していたM性感の店長からは、「そうしたことがきちんとできたのは、これまでの七年間の中で、あなた(レイコさん)ともう一人しかいなかった」と言われている。

その意味では、本章でインタビューした四名は、かなりの少数派であり、貴重な存在であると言える。以下、彼女たちが目標を達成することができた理由を四つに分けて分析していこう。

**理由❶　働くルールを設定して、守る**

緑さんは、「出勤は週一回のみ」というルールを守って働いていた。ブランクを経て復帰した際は、稼いだお金は全て金庫に入れていた。

レイコさんは、最初に入店したピンサロ、次に勤務したデリヘルでは「出勤は週一回から二回」というルールを決めて、厳守している。最後に勤務したM性感では、出勤日と出勤時間を完全に固定し、稼ぎの有無にかかわらず、出勤時間を増減させることはしていない。

真央さんは、AVの仕事で月収五百万円という破格の金額を稼いでいたが、稼いだお金は使わずに、ほぼ貯金していた。渚さんも、仕事で得た収入は、基本的に全額貯金している。

二〇二三年のアウトリーチ事業では、相談者の年齢で一番多かったのは二十一歳。この年齢の前後が、最も性風俗の仕事で稼げる時期であり、従事者数も多いと推定される。（図4）

本章でお話を伺った四名の女性も、中学生の頃から援助交際をしていた真央さんを除くと、緑さんは二十一歳、レイコさんは十九歳、渚さんは二十代前半の大学生の時に性風俗の仕事を始めて、それぞれ必要な収入を稼ぐことができている。

最も稼げる時期に、働くルールを自分で設定して、自分の意志で守り抜く、ということは、容易ではない。「出勤日数を固定する」「稼いだお金を一切使わない」、いずれも言葉にするのは簡単だが、実行することは極めて難しい。「それができれば、誰も苦労しないよ」と肩をすくめる女性も多いだろう。

図4　相談者の年齢（単位：件）

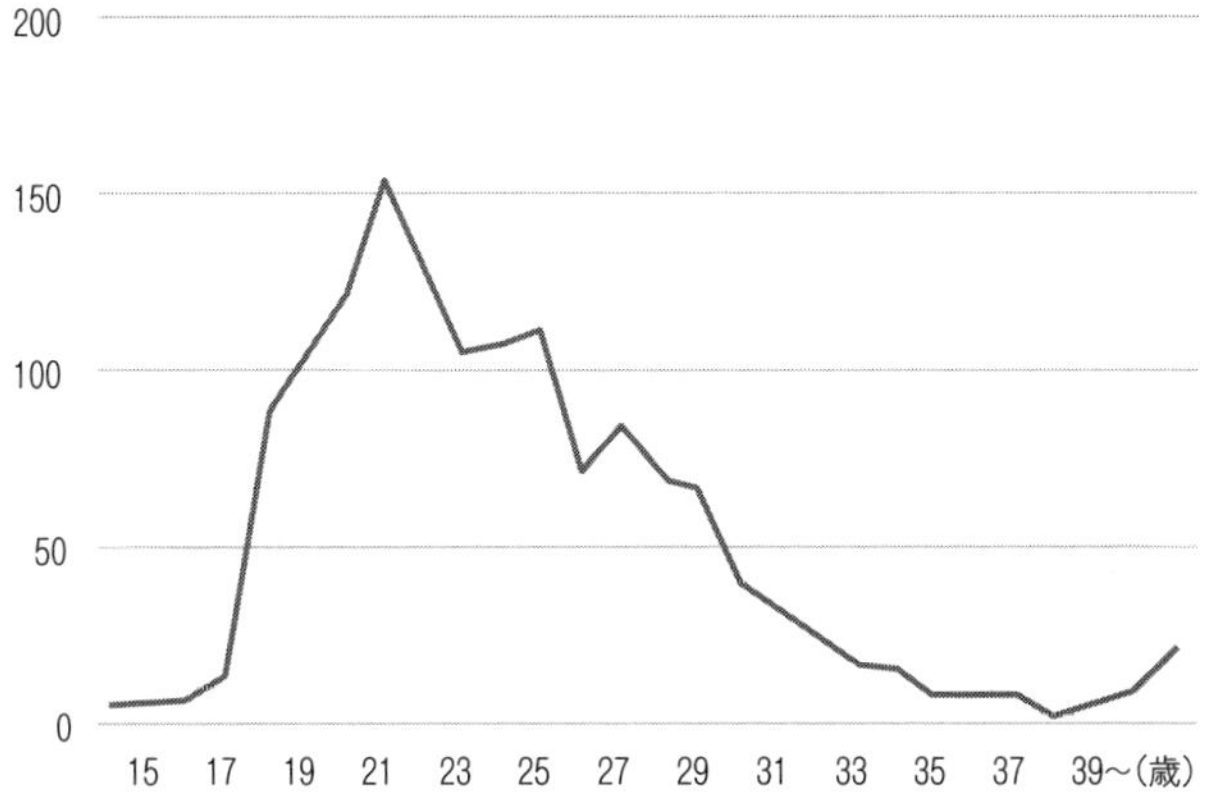


しかし、これらが目標の達成によって脱がずに生きることを実現した女性たちの共通点であることは、間違いない。

**理由❷　仕事に対する意識と覚悟をもつ**

緑さんは「仕事への意識や覚悟の有無で収入は変わる」ということを学んだ。入店後一年間はお茶挽きの状態が続いたが、DVDや練習用のマットを購入し、努力した甲斐もあって、売れるようになった。性風俗の仕事は自分にとっての「原点」だった、と総括している。

破格の収入を得ていた真央さんは、AVや性風俗の仕事を経験したことで「人間の多様性を知り、受容できる機会を得ることができた」「相手のことを理解できなくても、否定せずに受け止めることができるようになった」と述べている。覚悟は受容を生み、受容は収入を生む。

渚さんは、「お客一人ひとりのメモを取って、電話番号を管理して、接客前にメモを見て、覚えている感を出す」といった地道な工夫を繰り返すことで、稼げるようになり、自分に自信が持てるようになっていった。「風俗の仕事を通して「営業は楽しい！」ということを学ぶことができた」「キャリアの原点を築くことができた」と振り返っている。

性風俗の仕事は、会社員やアルバイトではなく、個人事業主である。稼げるか否かは、完全に自己責任だ。稼げないことを「お店のせい」「お客のせい」「閑散期のせい」にしても、SNSや匿名掲示板に愚痴や悪口を書き込んでも、収入は一円も増えない。仕事に対する意識と覚悟を持った人が成果を出せるようになる点は、他の個人事業と何ら変わりない。

**理由❸　同業の女性と接点をもたない**

前章の分析でも出た理由である。緑さんの在籍していた店舗型ヘルスは個室での待機だったので、物理的にも他の女性と横のつながりが生まれるようなことはなかった。レイコさんは、待機時間中は他の女性たちとは喋らずに、本を開いて勉強していた。真央さんも、同業の女性たちとは基本的にコミュニケーションを取っていない。SNSもやっていなかった。

渚さんは、他の在籍女性との交流はあったが、彼女たちは、誇りやプロ意識を持ち、自ら選んでこの仕事をやっている「風俗で働く女性の中でも上澄みの人たち」であった。

目標を達成してやめるためには、安易な方向に流されたり、夜職の価値観に染まらないためにも、同業の女性と接点をもたないこと、もしくは仕事に対する意識と覚悟を持っている女性とのみ接点を持つ、ということが必要になるのだろう。

### 理由❹　夜職一本にしない

これも前章の分析で出た理由である。緑さんは理容業が本業であり、レイコさんはヘルスの仕事を始めて以降、昼の仕事も入れながら、通信制の四年制大学に編入している。真央さんは専門学校を中退した後、「まともな仕事に戻りたい」と考えて、キャバクラと飲食店で働いており、児童養護施設でのボランティアなどの社会活動も行なっている。渚さんは大学生であり、卒論に必要な情報を集めるという目標を達成した後、就活に集中するためにやめている。「夜職一本にしない」ということは、脱がずに生きるための基本条件だと言える。

性風俗の仕事をしている女性が目標を達成してやめるためには、個人の努力や工夫だけではなく、社会からのサポートも必要になる。以下、四名のインタビューから見えてきた、社会的に必要なサポートの内容を三つに分けて整理していく。

## 条件❶ 困難を抱えた若年女性への支援体制の整備

本章でインタビューした女性たちは、いずれも行政の支援や福祉制度を利用せず、全て自力で目標を達成している。

レイコさんは、家賃や医療費の支払いのために性風俗の仕事を選んだが、行政などの窓口には相談していない。「改めて振り返ってみれば、もっと福祉に関する制度の知識があれば、助けが得られたのかもしれない」と述べている。

真央さんは、絵に描いたような「夜の街を彷徨う、未成年の家出少女」だったが、行政の福祉制度や民間の支援団体には一切つながっていなかった。児童買春という、社会的には決して許されない行為をしている男性たちによる経済的支援、食事や住まいの提供によって十代を生き延びている。

行政や民間のNPOが、性風俗の仕事に流れていく女性たちに十分にリーチできていない、そしてこの仕事をやめたいと思っている女性たちのサポートをほとんどできていないという点は、女性支援に関わる官民の関係者にとって、耳の痛い現実である。

しかし、彼女たちが相談や支援を必要としていないわけでは、決してない。二〇二三年のアウトリーチ事業では、相談につながった女性の八〇%が「相談してよかった」（図5の「解決に近づいた」と「気持ちが変わった」の合計）と回答している。

「風テラスに相談してみて、今後公的機関やNPOによる支援を受けてもいいと思うようになりましたか？」という質問に対しては、五十名中三十四名（全体の六八%）が「受けてもいい」と回答している。（図6）

図5　相談の満足度（%）

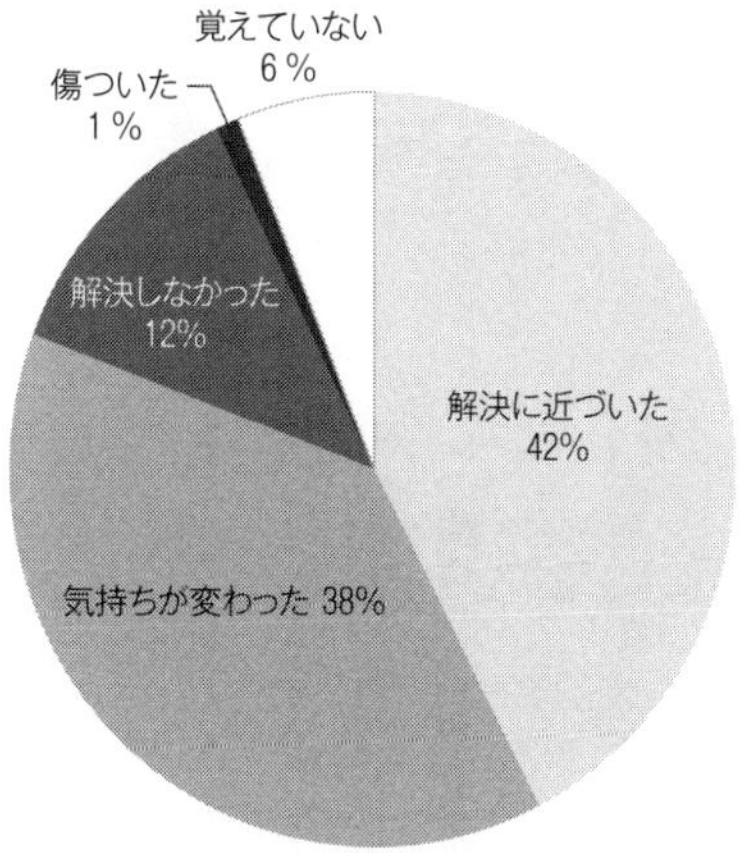


夜職の世界で漂流している若年女性に対しても、適切な方法とタイミングでリーチすることさえできれば、そこから悩みの解決をサポートすること、公的な支援や制度につなげることは、十分に可能である。
女性たちが買春男性や性風俗店に流れていく背景には、行政が決して与えてくれないも

図6　風テラスに相談してみて、今後公的機関やNPOによる支援を受けてもいいと思うようになりましたか？

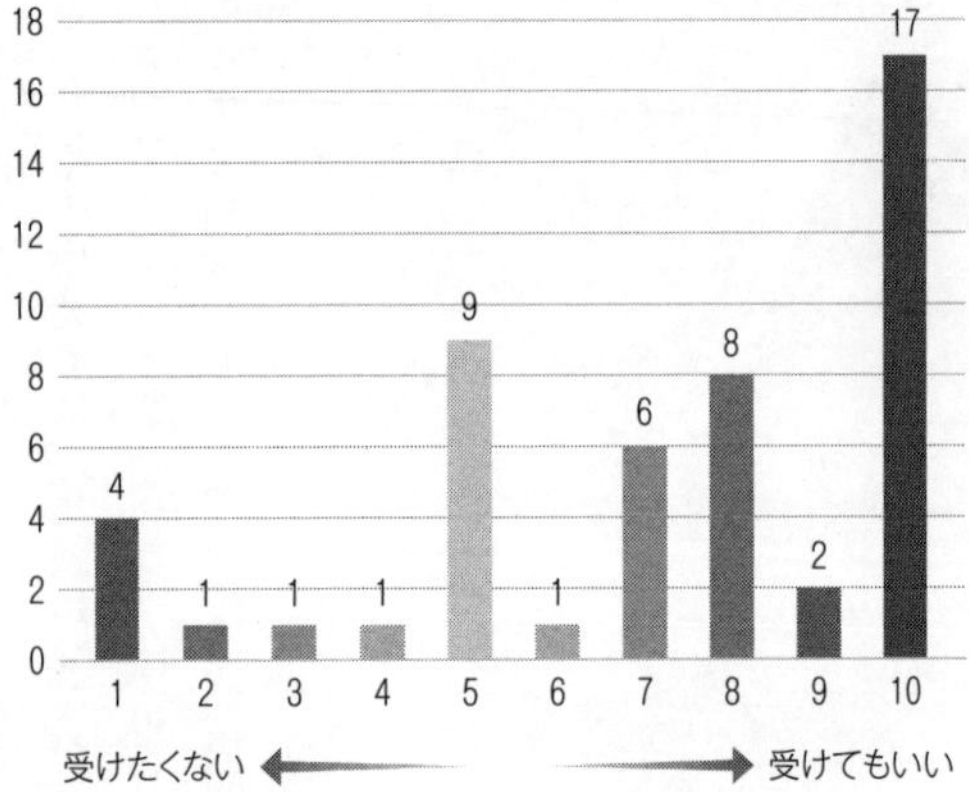


の、たとえば高額の現金、その日の寝泊まりできる場所、賃貸の名義、セックスによる孤独の緩和、そして自己肯定感を、男性たちや性風俗店が与えてくれるから、という現実がある。

彼女たちが売春や性風俗を経由しなくても、目標の設定に必要な心身の安定と自己肯定感、目標の達成に必要な資金を確保できる仕組みを作っていく必要があるだろう。

**条件❷　自尊心を傷つけない就労移行支援**

十代の頃から夜の街を彷徨っていた真央さんは、医学部受験の塾や予備校で、一般社会で生きていくために必要なマナーや、面接を突破するためのスキルを学ぶ機会を得ている。長年夜職の世界だけで生きてきた女性には、就労移行支援サービス（就労の手前で、社会と再びつながるためのスキルを学び直せる場）を提供することが必要不可欠だ。

ただ、こうした支援は、一歩間違えると本人の自尊心を削ってしまうリスクがある。夜職よりもはるかに低賃金で、全く魅力を感じない仕事に就くために、面倒なマナーやスキルを習得することを強いられる、という場になってしまうと、多くの人は惨《みじ》めな気分になり、途中で離脱してしまう。

誰もが医学部受験のような高い目標を設定できるわけではないし、設定する必要もないが、本人が魅力的に感じられるような目標、実現するために自発的に動きたいと思える目標を設定するためのサポートをおこない、それに向けて努力する過程で、社会の中で生きていくために必要なマナーやスキルを身につけられるようにしていく、という流れが理想だろう。

**条件❸　アイデンティティを模索し、確立するために試行錯誤できる場**

渚さんは、「女性として生きていくために、風俗で働くことを利用した」と自己分析している。性風俗で働く中で、女性らしさや女性としてのスキルを身につけること、男性と友達以上の関係性になることも一応できるようになり、生きづらさを軽減することができた。「風俗を通して、大人へと移行することができた」と総括している。

性風俗は「女性らしさ」を売りにする仕事だが、自らの女性らしさをどのように発揮すればよいのかわからない人にとっては、貴重なトレーニングの場になる。歴史的に見ても、性風俗や売春の世界が、自らの性自認に揺らぎや迷いを感じている性的マイノリティの人たちが集う場であったことは、事実である。

またマジョリティにとっても、性風俗の世界は、「男であること」や「女であること」を確認できる貴重な場として機能している。

現代では、「男らしさ」や「女らしさ」は、否定的な文脈で語られることが多い。「男として認められたい」と望む男性、「女として認められたい」と望む女性が、公の場で「男らしくありたい」「女らしくなりたい」と声に出すことは難しいし、仮に声に出したとしても、政治的に正しくない言動として扱われてしまう。

ダイバーシティが称揚《しょうよう》される風潮の下で、マジョリティが世間の目を気にせずに自らの「男らしさ」や「女らしさ」を確認できる貴重な場が、性風俗なのかもしれない。

ただ、こうした場が性風俗や売春しかない、という状況は、お世辞にも健全とは言い難いだろう。自らの性自認にゆらぎや迷いを感じている性的マイノリティの人たちや、自らの「男らしさ」や「女らしさ」を発揮できずに悩んでいるマジョリティの人たちが、より安全にアイデンティティを模索〜確立するための試行錯誤ができる場を社会的に用意することができれば、性風俗や売春といったリスクの高い方法を選ぶ人は減るはずだ。

## ✝労働と投機の境界線を曖昧にすることで稼ぐ仕事

ここまでの分析を踏まえて、本書のテーマの一つである「性風俗とは何か」という問いの答えについて、再び考えていこう。

真央さんは、私大の医学部の学費を全額自分で支払ったことについて、「夜の仕事をやっていた人の特権ですね」と語っている。

夜職の世界では、月収数百万円を稼ぐ人があちこちにいる。「あの子は稼いでいる」「あの店（地域）は稼げる」という噂もあちこちに溢れている。高い意識と覚悟、そして計画性を持って仕事に臨めば、「私大の医学部の学費（数千万円）を全額自分で支払う」という、一般の二十代女性には逆立ちしても不可能なことを実現できる（こともある）。絶世の美女でなくても、年齢や地域、時代や業種、そして運などの条件がうまく噛み合えば、大きな金額を稼げる（こともある）。

こうした環境は、労働というよりもギャンブルに近い。「一山当てた人がいる」「必勝法がある」「即日で大金が手に入る」という情報はあちこちに飛び交っており、実際に大勝ちした人もいるが、全ての人が勝てるわけではない。「あのときは、月収百万稼ぐことができた」といった過去の成功体験や高揚感が忘れられず、やめられなくなってしまう……という点も、ギャンブルと同様だ。

自らの身体の価格変動を利用して短期的な利益を追求する行為は、まさに投機である。性風俗の仕事は、労働と投機の境界線を曖昧にすることで稼ぐ仕事であると言える。

## †労働と危険行為の境界線を曖昧にすることで稼ぐ仕事

レイコさんは、最初に勤めたピンサロで、性感染症に悩まされた。「クラミジアや淋病の咽頭感染で、出勤するたびに喉がやられた」と振り返っている。

真央さんも、仕事を続けていく中で、クラミジア、淋病、梅毒など、一通りの性感染症をもらっている。

性風俗の仕事は、従事者や利用者が性感染症になることを防げない。本来であれば「有害業務」扱いになるような不衛生かつ危険な行為が、「サービス」としてデフォルトになっている。

人間の性癖は、倫理や衛生観念を超える。それらを超えるからこそ楽しいし、稼ぐことができる、という現実がある。

そして不衛生なサービスや危険なオプションは、男性客が望んだだけでは成立しない。そうしたサービスやオプションを提供したい（それによって収入を増やしたい）と希望する女性がいるからこそ、成立する。

性風俗の世界では、良識のある人、及び医療関係者が見たら「何だこれは」「ありえない」と顔をしかめるような不衛生かつ危険な行為が常態化しているが、それらは男性と女性の双方にとって、短期的な快楽と利益の最大化が優先された結果である。性風俗の仕事は、労働と危険行為の境界線を曖昧にすることで稼ぐ仕事であると言える。

## †自分と他人の境界線を曖昧にすることで稼ぐ仕事

真央さんは、かつての自分と同じ境遇にいる女性たちに対して、「稼いだお金は、誰かのためではなく、自分の心や身体をいたわるために使うこともできるんだ、と知ってほしい」と訴えている。「自分と他人の間に、境界線をきちんと引くことが大切」「線引きをするのはとても怖いけれど、それができれば、自分のために歩いていけるようになる」と述べている。

性風俗の世界には、一見すると「自分のため」に働いているように見えるが、実は「誰かのため」に働いている、というケースが少なくない。ホストのため、彼氏のため、夫のため、親のため、子どものため……など。

「誰かのために脱ぐ」という行動は、表面的には利他的な行動に見えるが、その背景には、「自分が抱えている問題を直視せず、その誰かのせいにしている」「自分の感情と他人の感情を混同している」など、様々な問題が隠れている。

性風俗の仕事は、肉体的にも精神的にも、自分と他人の境界線を曖昧にすることで稼ぐ仕事である。自分と他人の境界線を曖昧にすれば、場面や相手に応じて人格やキャラを使い分けることができるし、他人の欲望や要求を満たしやすくなる。不特定多数の相手と関係を持ちやすくなる。

しかし、自分と他人の境界線が曖昧になると、人は病む。自分が誰で・どこにいて・何のために・何をしているのかがわからなくなる。自分の感情にも気づけなくなる。何かを取り返したいが、それが一体何なのかわからない、という状態になる。

そうした中で、自分の感情と他人の感情を混同してしまい、「誰かのために脱ぐ」(誰かに言われるままに脱ぐ)ようになる。「自分を大事にしろ」と言われても、そもそも自分と他人の線引きができていなければ、何を大事にすればいいのかわからない。

自分と他人の境界線を見失った人に、ひとときの自己肯定感を与えてくれるのが「お金」と「性」である。現金は全てを癒し、セックスは全てを救ってくれるように思える。

しかし、それらはあくまで一時的な鎮痛剤にしかならない。どれだけコスパやタイパを追求して現金を集めても、不特定多数の相手と身体を重ねても、自分が何をしたいのか、自分が何者なのかは、永久にわからない。自分の感情を自覚することもできない。

## †境界線を明確にする必要はあるのか?

一方で、あらゆる境界線を曖昧にする力が働く性風俗の世界は、他者から境界線を引かれることで苦しんできた人、自ら引いた境界線によって苦しめられてきた人にとっては、居心地の良い世界になりうる。

渚さんは、卒論の執筆過程で、当初は「職業選択の自由の中に風俗があってもいいんじゃないか」という着地点を構想していたが、スティグマがなくなれば、かえって性風俗の仕事が稼げなくなり、困る人が出てくるのでは、と考えるようになった。

性風俗で働くほとんどの女性は、差別がどうとか、性風俗が職業として認められるべきかどうかには、全く関心がない。当事者のニーズは、そうした抽象的な議論をすることにはない。性風俗を職業として扱うのは「現実を見据えてない空論」なのではないか……という考えに至っている。

境界線を曖昧にすることで利益を生み出す仕事なのであれば、境界線を明確にすること

＝職業として確立することには、デメリットしかない。そのことを肌で感じている現場の当事者にとっては、職業や差別に関する議論は、机上の空論にしか感じられないのだろう。特定の思想信条や政治的信念に基づき、「敵／味方」「被害／加害」「搾取／被搾取」といった境界線を明確に引くことにこだわりすぎると、息苦しくなる。自ら引いた境界線によって、自らが苦しめられてしまう。

渚さんも、「風俗で働いていなければ、イデオロギーの塊になって、ずっと世間に反発していたかもしれません」と述べている。

## †「すべての女性が、脱がなくても自立できる社会」を実現するために

今も昔も、性風俗の仕事をしている若い女性に対して、「もっと自分を大事にしなさい」と説教する大人たちがいる。しかし、「自分を大事にしなさい」と言われても、そもそも「自分」の範囲がわからない、自分と他人の線引きができていないのであれば、何をどう大事にすればいいのかわからない。

時計と窓が無く、あらゆる境界線が曖昧になっている性風俗の世界は、自他未分化の状態、モラトリアム（猶予期間）の状態で漂《ただよ》い続けたい人にとっては、居心地の良い空間になる。働くにあたって相応の勇気が求められる世界、というイメージがあるが、実際は

「境界線をきちんと引く勇気がないからこそ、働ける世界」という側面もある。

しかし、この居心地の良い世界に、ずっと居続けることはできない。

目標を設定するということは、自分と他人との間に境界線を引く勇気をもつことである。誰かのためではなく、自分のために生きる、と決意することだ。

そして、目標を達成するということは、自分自身を確立することである。手垢のついた言葉で言えば、「自立」だ。

目標を達成してやめた女性＝社会的に自立した女性の中で、性風俗の世界に戻りたいという人は、誰もいなかった。緑さんは、性風俗の仕事に戻ることなく、十年近く理容業一本の生活を続けている。真央さんは、「医学や育児などを通して、自分が社会的に求められている、と感じられているので、夜の世界には戻れないし、戻らない」と語っている。

渚さんは、新卒で入った会社の年収が高く、仕事も楽しかったので「風俗よりも会社で働いた方が稼げる」ということに気がついた。三十代後半になり、収入もキャリアも安定しているので、風俗の仕事に戻ることはもう二度と無い、と思っている。「脱がなくても稼げる」世界にいられるのであれば、脱ぐ必要は全く無くなる。

そしてレイコさんは、「風俗で働かなくても、女性が暮らしていける社会」が理想だと考えるようになった。日本にいた頃は性風俗が救いになっており、その存在に感謝していたが、ヨーロッパに移住して、「あんなに苦しい思いをする必要はなかったんだ、あんなことをしなくても生きられる環境がこの世界にあるんだ」ということに気づいた。

若い女性が脱ぐことでしか目標を達成できない社会、脱ぐことでしか自立できない社会は、少なくとも健全な社会とは言えないだろう。

脱がずに生きるための条件を考えていくことは、すべての女性が、脱がなくても自立できる社会の実現を目指すことにつながるはずだ。

## コラム2 「忘れられる権利」と「忘れたくない経験」

性風俗の仕事は、最も他人に知られたくない仕事の一つと思われている。その一方で、性風俗の世界では、女性が個人でSNSのアカウントを作成し、ネット上に自らの写真や動画をアップして宣伝・集客を行うことが常態化している。ネット上に自己の情報をアップすることに高いリスクをともなう仕事であるにもかかわらず、アップし続けないと稼げない、という大きなジレンマがある。

一度ネット上にアップした写真や動画は、完全に削除することが難しい。デリヘル嬢やソープ嬢として働いていた事実が、誰からも検索・閲覧可能な状態で半永久的に残ってしまう。こうしたデジタルタトゥーの存在が、昼職に移行する上での心理的・社会的な妨げになることもある。近年、過去の自分に関する情報がネット上に正当な理由なく残り続けている場合に、削除や消去などを求める「忘れられる権利」が注目を集めているが、性風俗はこの権利の行使が最も必要とされている仕事の一つだろう。

一方で、すべての女性が性風俗で働いていた過去を「忘れたい」「消し去りたい」と思っているわけではない。

実は、性風俗で働いている（いた）ことが周囲に発覚する理由の第一位は、「本人が自分からバラしてしまったから」である。誰かに聞かれたわけでもないのに、そして誰にも話せない、話すべきではないことだとわかっているのに、つい話してしまう。

性風俗の世界で働いた経験は、良くも悪くも強烈なインパクトを持つ。昼の世界で同様の刺激や輝きに出会うことは難しい。退屈な日々の中で、性風俗の仕事をしていたことが自分自身にとってかけがえのない経験、生きる原点やアイデンティティになっているということを誰かに理解してほしい、という気持ちが抑えきれなくなってしまう。

昼の世界で満たされない場合は、過去の風俗歴を告白して、夜の世界で生きていた時の自分を誰かに肯定・承認してもらうことで、心を満たすしかない。「どうせ、昼の世界で失うものは何もないのだから」という気持ちも、告白を後押しする。

しかし、過去の風俗歴を告白したところで、必ずしも周囲の理解や共感が得られるとは限らない。社会的には、女性にとって性風俗で働いた過去はマイナスにしかならない。「元風俗嬢」という肩書を次の仕事に活かせるケースは、ほとんどない。SNSで「元当事者」という肩書を振りかざして、風俗嬢への差別的言動をしている（と自分が感じた）誰かを追及、攻撃するという振る舞いに走る人たちもいるが、とても幸せそうには見えない。

そう考えると、性風俗で働いていたという過去に折り合いをつけるためには、「忘れられる権利」の行使と並行して、昼の世界で「忘れたくない経験」を積む機会を増やすことが必要になるはずだ。

昼の世界にも、昼にしか出会えない刺激や輝きがある。昼の世界で忘れたくない経験を積む過程で、「失いたくない」と思える関係や居場所ができたときに、人は脱がずに生きることができるようになるのではないだろうか。

第三章

# 私を支えてくれる人

## 1　好きになれる何かを見つけたい

愛さん（仮名・二十九歳・専業主婦）が性風俗で働くことになったきっかけは、ホストだった。大学三年生の春、ヨーロッパに留学することになったが、精神面の不調のため学校に通えなくなり、一カ月で日本に帰ることになった。帰国後、付き合っていた彼氏と別れることになり、メンタルの調子はさらに悪くなってしまった。

当時は実家で親と同居していたが、親は愛さんの体調を心配して、「バイトなんかしなくてもいいから、夜は早く帰ってきて」と催促するようになった。そうした親の言動もうるさく思えて、いらだちを感じていた。

色々なストレスが溜まっている時に、ホストに出会った。最初の出会いは、ホストクラブではなく、Tinderというマッチングアプリだった。

### †心のよりどころになったホスト

「当時は私も世間知らずだったので、ホストがマッチングアプリで集客しているとは思っていなくて。単純に、ホストも出会いを求めているのかな、と軽い気持ちで会いました。

そうしたら、半ば強引に「店に来ないか」と誘われて。
ホスト自体に興味はあったので、一度行ってみたら「意外と楽しい」と感じて。今まで全く知らなかった世界で、怖いというイメージがあったけど、全然そんなこともなくて。新たなストレスの発散場所を見つけた、という気持ちになって、それからハマってしまいました」

最初はストレスの発散が目的だったが、次第に担当に対する「好き」という気持ちが強くなっていった。

「気がつけば、自分にとって、心のよりどころになっていました」

普通のアルバイトだけではお金が足りなくなったので、より多くの収入を得るために、まずはキャバクラの仕事からやってみよう、と考えた。最初に働いたのは、池袋のキャバクラ。キャストは全員現役の大学生と専門学校生、というコンセプトを掲げている店で、自宅から大学への道中にあるから、というシンプルな理由で選んだ。しかし、その店は夜職が初めての愛さんでもわかるくらい、客層が非常に悪かった。

「当たり前のように女性の身体に触ってくる客も多かったので、これだけ触られるのであれば、風俗をやっちゃった方がいいのかもな、と思いました。今では（ホストクラブでの高額の売掛に対する規制が）厳しくなりましたが、当時の私はかなり無理な売掛もさせられたりして、お金が必要だったので、思い切ってソープをやることにしました」

最初のソープは、キャバクラの友だちに紹介されたスカウトに言われるがままに店を選んだ。スカウトに「何日までに何万円稼ぎたい」と伝えたら、「じゃあ、〇月×日に、このお店に行ってください」と指示された。その店がどういう店なのか、そもそもソープとデリヘルの違いもよく分からないまま、面接を受けた。その後、店長から「お客さん、もう来ているから」と言われて、面接終了の三十分後には、客の前で裸になっていた。

「講習も一切ない店でした。今振り返ると、スカウトが未経験の女性を入れがちなお店でしたね。本当に何もわからなかったので、身体の洗い方から泡の立て方、サービスのやり方まで、お客さんに全部教えてもらいました」

## †ホストへの依存

店自体が繁盛しており、なおかつ愛さんが本当の性風俗未経験者だったため、お客はすぐに入り、それなりの金額を稼ぐことができた。

しかし、その店は働き始めてわずか四日でやめることになった。ストレスで心が折れてしまい、自殺未遂をしてしまったからだ。閉鎖病棟に二カ月入院することになり、入院している間に、ずっと指名していた担当もホストをやめた。

親からも「ホストはもうやめなさいよ」と言われて、ここで普通の大学生に戻るべきだ、という理性が働いたこともあり、ホスト通いと性風俗の仕事をやめる決意をした。

それでも、担当とはどうしても会いたかったので、しばらくの間は、パパ活ならぬ「ママ活」的な形で、お金を払って会いに行っていた。そのお金の原資は、貯金と親からもらったお小遣い。退院後はバイトも始めていたので、そこで得たお金を担当に渡していた。

「二人で会って食事をしたり、彼が欲しがるものを買ってあげたり。今にして思えば、カモにされていました。彼のことは好きだったけれども、ホスクラという場所も好きだったんです。自分の中で区切りをつけたはずだったのですが、結局、翌年からまたホスクラに通うようになりました」

最初の担当がいなくなった店に、指名替えで通うようになった。休学していた大学は、その年の秋に中退した。指名替えした担当とは、何カ月か通っただけで関係が切れたが、その後に出会った新しい担当とは、それから三年半、関係が続くことになる。

「指名替えで通い始めたお店で「わぁ〜、楽しい」というテンションになってしまって。やっぱりまた通いたい、という依存的な気持ちになって。もっとお金を使いたい、という欲も出てきてしまいました」

そこから、自分の意志で性風俗の仕事を再開することにした。歌舞伎町の路上で出会ったスカウトに紹介してもらって、新大久保のデリヘルで働き始めた。今回も、やはりスカウトが初心者の女性を送り込む店だった。

「そのお店は、「ホストにハマった風俗未経験の女の子が一度は通る道」として有名なところでした。スカウトバック（スカウトの取り分）がいいんですよね。

自分にとっては二度目の風俗でしたが、一度やったことって、二度できるんですよね。多少は辛かったけど、一度目ほどの辛さは感じなかった。ちょっと働いたらすぐ慣れて。わりかし、最初のうちは順調に働いていました」

### †自分を高く見積もってしまう

しかし、「スカウトが初心者の女性を送り込む店」であるということは、次々に性風俗未経験の若い女性が入ってくることを意味する。つまり、「新人」として売り出してもらえる最初の一カ月を過ぎると、一気に稼げなくなってしまう。「未経験であること」だけを売りにしていたので、本指名の取り方など、客にリピートしてもらう方法もわからない。

「そのお店は客層が悪く、本番を要求されることも多かったです。盗撮の被害にも遭ったので、嫌な気持ちが募《つの》って、短期間でやめました。それからは、お店を転々と変えることになります。新人期間の一、二カ月だけ働いて、稼げなくなったら次のお店に移って……という感じです」

スカウトに紹介してもらって、各地のお店を転々とした。新潟、岐阜の金津園《かなづえん》、茨城や沖縄などの遠方にも出稼ぎに行ったが、思うようには稼げなかった。

「知らない土地に、知らないスタッフで、心が折れちゃって。環境の変化に耐えられない。出稼ぎで決められた日数を完走できたことは、二回しかありませんでした。途中で「無理です、ごめんなさい」といって帰ってきてしまいました。

自分のことを高く見積もっていた部分があったので、「もっといい店に行けるんじゃないか」「なんでこんな安い店ばっかり提示されるんだろう」といつも考えていました。

スカウトからは、「単価は安いけれど、回転すれば稼げるから」という理由で、業界最安値に近い激安デリヘル店を勧められて。いや、そういうのを求めているわけではないんだよな、と。これはさすがにおかしい、あてにならん、と思って、自分で探すことに決めました」

スカウトに頼った出稼ぎはやめて、自分で選んだ一つのお店に在籍して働くことにした。自分にはソープが合っていると思ったので、川崎や吉原、栄町《さかえまち》の店を転々とした。その結果、吉原の中級店で、やっと思うように稼げるお店が見つかった。

「でも、そこからが大変でした。私のホス狂い人生、第二章が始まりました」

## †ホス狂い第二章

愛さんが稼げるようになると、それまで以上に、担当の要求する金額は大きくなっていった。それに応えようと思って頑張ると、さらに要求が大きくなる。際限がない。

「稼げるのは嬉しいし、良いことだけれども、その分、体力的にハードで、休みも全然取れない。朝から晩までずっと接客して、それを何連勤もして、やっと担当から要求された金額が稼げる。

結局、心身ともにやられて、あまりにも情緒不安定になってしまったので、そのお店はいったんやめることにしました。その後、同じ吉原の高級店に採用されて、そちらでもいい感じに波に乗って稼げるようになったのですが、そこからまたさらに要求がひどくなって。いわゆる「掛け縛り」をされていたんです」

ホストクラブでは、担当のホストが立て替えた掛けは、通常であれば、女性が翌月に支払う形になる。しかし、「掛け縛り」をするホストは、女性が掛けを支払おうとすると、

「それはいったん置いておいて、今月は今月でイベントがあるから、そっちに注力してほしい」と誘導して、掛けの返済をさせずに新たに掛けを作らせる。それが毎月繰り返されることで、掛けの合計額はどんどん膨れ上がっていく。

「私自身も承諾した上でやっていたので、仕方がない部分もあるのですが、結果的に、合計一千万円以上になってしまって。今ではもうできないと思いますが、当時は「ガンガン売掛していこう」みたいな雰囲気があって、担当のいたお店も、売掛に関して緩いお店でした。「掛けをして売上二千万円、年間一億を目指そう」と言われていました」

どれだけ高級店で稼いでも、常に現在の収入の倍以上を稼がないと達成できない目標を提示され続ける、という出口の見えない状況が続く中、心が折れた。

「人間として扱われていないな、といい加減気づきました。私以外に、担当にそんなにお金を使える人はいなくて、ほぼほぼ私が一本釣りみたいな感じでした。すでにたくさんの立替があるのに、担当からは「まだ二年くらいはホストをやるつもりだから」「二年連続で一億売りたいんだよね」と言われて。それはいったいどういう計画で？　と尋ねたら、

「ほとんどお前にやってもらう形だよ」「これからも立替を積み重ねていくつもりだから」と言われて。

「その立替は、あなたがホストをやめた後はどうすればいいの？」と聞いたら、「やめた後も、お前と一緒にいたいと思っているから、やめた後に、ちょっとずつ返してくれればいい」と言われて。

一緒にいてくれるのは嬉しいけど、私はあなたがホストをやめた後も、莫大な借金を抱えて、風俗をやらなければいけないのか、と。結局、金なんだな……と痛感してしまった。それで心が折れました」

担当に「いったん離れたい」と切り出したが、これまでの関係性、そして膨大な掛けがあるので、そう簡単に縁は切れなかった。

**†新たな出会い**

「担当から、「じゃあ、お金を使わなくていいから、一緒にいてほしい」と言われたりして。どうしようかな……という迷いの期間が半年くらいありました。

担当に別れを切り出す少し前に、別の男性との出会いがあって、いい感じの関係になっていました。最初は、ただの知り合いの一人と思っていたけれど、優しくて、いい人だなと感じるようになって。次第に、尽くすよりも、尽くされる方が嬉しい、尽くされることってこんなに嬉しいんだ、ということを知りました。

自分が辛いときに、担当は他にもお客さんをいっぱい抱えているから、そんなに相手をしてくれない。いくら私がエース（最もお金を使って売り上げに貢献している客）だとしても、私一人のためにとことん何かをしてくれることはない。

新しく出会った男性は、とても紳士的で、自分に向き合ってくれる。なんかちょっと辛いんだよね、と言ったら、すぐにタクシーに乗ってバッと来てくれる。仕事に行けなくて休んじゃった、といったら、今日の分のお給料くらい、振り込んでおくよ、といってお金を渡してくれたり。すごい、今までこんなに優しくされたことがないなと。いかに自分が、自分のことを大切にしてくれない相手にすがりついていたのか、ということに気づきました。

担当のことは好きだけれど、人間として扱ってくれない人にいつまでもすがりつくのは違うなと。心の中でけじめをつけて、その男性と正式にお付き合いすることを決めました」

担当から離れる決意をして、ソープの仕事もやめた。貯金をして、計画的にやめたわけではない。心が折れて、たまたまその時良い男性が精神的・経済的に支えてくれたから、そのままやめることができた。

「風俗の仕事をやめる上で、お金はそんなに重要ではないと思います。結局は気持ちです」

一方で、担当から離れる決意をした後も、半年くらいは、担当のお店に顔を出して、新しい彼氏との間で揺れ動いていた。担当から離れたくない、という気持ちよりは、ホストクラブという世界自体から離れたくない、という気持ちがあった。

「当時私はエースだったので、その立場からも抜け出したくなかった。エースであることで、他のお客さん全員に対して優越感を抱くことができたし、「あのお客さんすごい」と言われることも嬉しかった。

自分が努力をして稼げていたことにも達成感があり、「頑張ればこんなに稼げる人間なんだ」という自信にもつながっていました。

仕事をして、ホスクラに行って、寝て、仕事に行って、ホスクラに行って……ということしかしていなかったので、ホスクラは自分の居場所というか、大きな趣味みたいなものでした。それ以外のことを何も考えずに生活していたから。担当やホスクラを失ったら、自分には何が残るんだろう、何をして生きていけばよいのだろう、と思って。そこから抜け出すのは寂しい。年齢的にもまだまだ稼げるし、もう少し遊んでもいいじゃん、と思える年だったので、かなり悩みました。

風俗についても、揺れ動いている間に、一回戻ろうとは思った。やっぱり担当と離れたくない、彼氏を切り捨てて戻ろう、と考えたのですが、冷静になって、なんとか自分を抑えました」

新しい彼氏に対しても、最初はどこまで信頼していいのかわからなかった。「好きだ」と言われても、「表向きの私が好きなだけ、性欲のためだけなんじゃないのかな」と感じていた。

「「好き」「結婚しよう」と言われても、「ふ〜ん」という感じで、全然信じられなくて。私も好きっちゃ好きだけど、どうせ長続きしないよ、という気持ちもあった。不信感ですね。それもあって揺れ動いていました。

担当も、私がどっちつかずの状態だったので、「戻ってくるなら来てほしい。来ないならそうしてほしい。どっちなの」とイライラしてきた。それでも私が揺れていたので、相手もフラストレーションが溜まったようで、これまでよりも圧倒的に連絡の頻度が減ったり、対応が悪くなった。

それを見て、「あからさまだなぁ」「お金を使わなくなったら、やっぱりそうなっちゃうんだなぁ」と思いました。そこで私も意地になって「あなたとは離れることにしたから、今までの売掛は、弁護士を挟んで、第三者を通して連絡をください」と伝えました。そしたら、そこで連絡が途絶えた。今はお互いに代理人の弁護士を立てて、話し合いをしている最中です。

結局、現実的なことを考えたら、今ここでホスクラも風俗もやめて、彼氏と一緒になる方がどう考えてもいいよな……と思い、メリットとデメリットを考慮して決めました」

最終的に彼氏との生活を選び、プロポーズを受け入れて、結婚した。これまでの自分の経験を踏まえて、性風俗を卒業するためには、「手を差し伸べてくれた人に頼る、という決断をすることが大事」と感じている。

「私の場合は、恵まれていたやめ方だったと思います。手を差し伸べてくれた人に頼る、という決断をすることが大事なのですが、風俗で働いているときは、どうしても「余計なお世話」と思ってしまう。現役で働いている人たちには、「助けてくれる人は必ずいる」ということを覚えていてほしいです」

### †ホスクラへの未練

現在は、専業主婦として、夫と円満で平和な生活を送っている。ただ、ホスクラに対しても、性風俗の仕事に対しても、未練は未だに残っている。


「お店の中で本指名数がナンバーワンだった時期があったので、この業界でうまくやっていけると思っていました。このままもっと頑張れば、もっと稼げて、もっと有名になれたかもしれない。もっと仕事をやりたかったというのが正直なところです。

ただ、その対価として心身に大きな負担がかかるので、戻ることはしません。そもそも旦那が許さないですし。戻ることはしないけれど、もうちょっとやり切りたかった。

担当やホスクラに対しても、もうちょっと他にも卸したいものがあった。シャンパンの飾り系とか、一千万伝票とか、そういうのをやりたかった。思い返してみれば、やりたいことはたくさんあった。

苦しかった記憶よりも、楽しかった記憶がよみがえってくる。喉元過ぎれば……ですが。思い出がどんどん美化されてしまって。やっぱり楽しかったなと。当時はすごくつらかったはずなのに、後になってみれば、やっぱり楽しかった。今と違って、独身だったので、自由にできた。唐突に戻りたくはなります。よくはないんですけれど……」

そのことをめぐって、最近、夫とケンカした。愛さんはもともと飲むことが好きで、夜の街で遊ぶことも好きだった。夫のことは好きだし、一緒にいたいんだけれども、もう少し遊びに行かせてほしい、と訴えたところ、夫からは「飲むこと自体は良いけど、ホスクラには行ってほしくない」と言われた。

「でも私は、ホスクラに行きたい。もちろん、覚悟を決めて結婚したので、さすがに行くべきではないというのはわかっているけれど、どうしてもその世界に対する未練はあります。気持ちが抜け出せない。

風俗をやめて以来、ろくに仕事もしていなくて、専業主婦で、他に趣味や生きがいが何もない。それが一番の問題ですね。普段は家にいて、家事をやったり、今後のために資格を取ろうと思って勉強したり、友達と遊んだり、ネイルしに行ったりしていますが、ホスクラに対する情熱を超えるような趣味や生きがいは、なかなか見つけられません。

風俗業界をよくしていけるような活動をしたい、と考えたこともありました。お店の経営は前々からやりたかったので、女の子が働きやすいお店を作ろう、と考えたこともあるのですが、最近はソープの摘発が多いじゃないですか。デリヘルも安全かといえば、そうではない。そういう業界で開業すること自体が難しいのでは、と夫に言われて、断念することになってしまって。なおさら生きがいがなくなってしまいました。

風俗の講師の仕事も考えたのですが、個人でやるのはすごく大変。自分はお金が欲しいわけではなく、講習というよりは、困っている人を助けたい、という気持ちがあったので、ちょっとだけやったけれどもやめてしまいました。

手っ取り早く生きがいを見つけるとしたら、もう一度ホスクラの世界に戻るしかないのでしょうが、それ以外の趣味や生きがいを今後見つけられれば、未練はなくなるのかな……と思います。ホスクラと同じとまではいかなくても、好きになれる何かを見つけたいです」

## 2　セカンドキャリアを実現した人は、情報や言葉を残さない

### †会社をやめてキャバクラに転職

さくらさん（仮名・三十八歳・個人事業主）が性風俗の世界に足を踏み入れたきっかけは、二十一歳の時に会社をやめてキャバクラの仕事を始めたことだった。

学校を卒業後、大手の企業に就職。営業の部署に配属され、三年ほど忙しく充実した日々を送っていたが、出張先で夜の時間帯にキャバクラの仕事をやってみたところ、かなりの金額を稼ぐことができた。

入社から三年が経ち、会社の仕事に対してある程度「やり切った」と感じていた時期でもあり、「このままキャバクラをしても稼げるのでは」と考えて、会社をやめる決断をした。

「この会社にずっといたら、ここだけの成功体験に縛られて、謙虚さがなくなり、お局《つぼね》さんみたいになってしまうかもしれない。とにかく環境を変えたいと決断して、やめました。

営業の仕事だったので、年齢的にも、やめてもどこかしら仕事はできる、という気持ちはありました」

会社をやめる決断をして、三カ月間の有給消化中に、都内のキャバクラで勤務を始めた。しかし、昼間の仕事をしながらやっていた時と比べて、思うように稼ぐことができず、早くも病んでしまった。

「専業にした途端、「今日はお店に行きたくない」といった、副業のときには出てこなかった感情が生まれてしまって。昼の世界から、お金のためにキャバクラに行こうとしたのだけれども、私自身、根っから昼の仕事向きの性格だったのかもしれません。真っ当な仕事をしたい、という気持ちがどこかでありました。とはいうものの、再就職は考えませんでした」

そこからは、のらりくらりと派遣のキャバクラで日当をもらって、働いては休み、お金を貯めては取り崩すことを繰り返す……という「夜職あるある」の生活に突入。そうした暮らしの中で、周りの女の子がデリヘルを始めたなど、性風俗に関する情報が耳に入ってくるようになる。

### †割り切ったほうが楽

「正直、風俗に関する知識は全くなかったのですが、夜の世界で働いていると自然と知るようになり、身近な選択肢になっていきました。最初は、お金のためにそういうことをしたいとは思わなかったのですが、キャバクラに来るお客さんは、「いつかは目当ての女の子とやりたい」という気持ちを持って通う人が多い。そういう感情を持った人を相手にするのであれば、割り切ったほうが楽だなと。

私自身は、キャバクラでは、多数のお客さんに好かれてナンバーワンになるタイプというよりは、特定の太いお客さんに好かれやすいタイプでした。生活に必要なお金は自分が払うので、できれば水商売をやめてほしい、と言ってくるお客さんに好かれやすい、いわゆる「水揚げ」されるタイプですね。

私はお店でナンバーワンになることは特に考えていなかったので、お金を引っ張っているお客さんと性的な関係になることはなかった。お仕事としてコミュニケーションをしているお客さんと、「とうとうやれるぞ」という感情のこもったセックスをするのがマジで気持ち悪い、と考えていました」

そんなある日、友人から「女性二人と3Pしたい、というお客さんがいるんだけど、二十万出すから、来てくれない?」と頼まれた。

## †「誰かのため」だとできてしまう

「女性に多いと思うのですが、「自分のため」ではできなくても、「誰かのため」だとできてしまうんですよね。好き嫌いではなくて、割り切った感じのほうが、自分にも相手にも嘘をつかなくていい。

そのお客さんはお金持ちで、特に変な要求もなく、きれいなホテルの部屋で、三人でのプレイが終わった後、お酒を飲んでご飯を食べるだけ。友だちのお客さんだから、依存されるリスクもない。すごく楽で、楽しかった。「これで二十万だったら、楽だな」「お酒も無理に飲まなくていいし」と思った。

事実上、デリヘルと変わらないことをしたわけですよね、私は。若い頃って、その経験が将来の自分にどう影響するかなんて、考えもしないので。流れでしかなかったのですが、不意の二十万が入って、価値観が変わりました。今思えば、二十万って安いじゃん、とか思ってしまうのですが」

この経験が契機になり、キャバクラで出会った客と愛人契約やパパ活をおこなう方向にシフトした。

「いつしか、私が好きだから、私としたいから、お店に来てくれるお客さんが多くなりました。お店にお金を払いたいのではなく、私にお金を払いたい、と。

そういうことって、キャバクラの世界ではよくある話です。風俗じゃないけれど、結局やることはやっているのが、お水の世界なので」

## †狂い始める金銭感覚

その頃から、金銭感覚がおかしくなってきた。使う金額も毎月四十万から五十万円と大きくなって、気づいたら、リボ払いのカードの残高が百万円を超えていた。

「ホストに依存する女の子が多い中で、私はバーによく飲みに行っていました。バーもお金は使うのですが、「ホストにハマっている子たちに比べれば、私は使っていない」と自分に言い聞かせるための精神安定剤になっていました。結局、お金を使うことには変わりないのですが……」

借金を重ねていくうちに「ヤバいな」と思う瞬間があった。最初は親族にお金を借りたが、それでも足りない。支払いがあるのだけれども、キャバクラには行きたくない。それ以上稼ぎたい、という気持ちも起こらず、身体が動かなかった。

そのあたりから、「何かあったら、風俗に行けばなんとかなる」と思うようになった。のらりくらりとキャバクラの客と愛人契約を続けて、相手を切ったり、相手から切られたりする中で、精神的にも辛くなってきた。

「そんなときに、ホストの男性と付き合い始めました。その人自身に対しては、大きなお金は使っていなかったのですが、ホストの周りは、風俗に行っている子が多かった。知識はその人たちが持っている。お金のことで悩みたくなかったし、これ以上お客さんとやり取りするのも面倒だったので、風俗に行こうと決めました」

さくらさん自身は風俗に関する知識がほとんどなく、そもそも風俗＝全てソープだと思っていた。そのため、すぐに友人たちが働いていた川崎のソープ街にある店に面接に行った。

「ソープ＝普通のセックスが一番自然だと思いました。その手前の「本番するかしないか」というやりとりは面倒だし、そもそも風俗で本番以外のサービスをすることの意味がわからなかった。

当時のスカウトには、「大衆店のほうが稼げるよ」と言われました。私は「吉原顔」と言われていて、身長も高かったので、「高級店にも行ける」とも言われていました。ただ、高級店で気を遣うのも嫌だったので、スカウトに勧められた回転の速い大衆店を選びました。

結果的に、大衆店のほうが楽でした。体力は使うけれど、めっちゃ楽。稼ぎは一回一万円くらいですが、写真がある程度よければ、変な営業をしなくても「一生電話が鳴る」、絶えずお客さんが来るんですよ。予約に困ることはなかったです。そこに行けば、一日で八万から十万を稼いで帰ってこれる。自分の行きたいときに行けば、絶対に稼げる場所を確保した、という感じです。

愛人契約は、相手の都合に合わせる部分も多く、稼げる金額も相手次第なところがあったけれども、風俗は自分が行きたい時に行けばいい。住んでいる地域から遠いから、誰にもバレないだろう、という安心感もありました」

ソープで仲良くなった女の子たちの多くは、いわゆるホス狂いだった。そうした周りの影響もあり、ソープ嬢のコミュニティの中では当たり前のお金の使い方、飲み方になっていった。

「友だちからホストの彼氏の話を聞いて、その彼氏のお店に一緒に行ったり。わかりやすく、夜っぽい女になっていきましたね」

## †大衆店と高級店

あるとき、ホストの彼氏から「お前、絶対高級店いけるよ」「なんでそんなお店にいるの?」と言われた。彼氏としては、自分の彼女には、大衆店ではなく高級店で働いてほしい、という思いがあったようだ。

「そのときは思考がバグっていたのですが、高級店は大変そうだけれど、彼氏にも言われたので、一度行ってみようかなと。大衆店は、常に若い子がたくさん入ってくるので、二

十三、四歳でも「自分たちも、もういい年齢だな」「二十歳の子はイケイケだな……」と感じるようになる。今のお店にずっと居続けることはできないな、という思いはありました」

吉原にある複数の超高級店の面接を受けて、ほぼ全ての店に受かった。超高級店は、きちんと客をリピートさせないと、店に在籍し続けることができない。シビアな世界だが、さくらさんは、初日から二十万円を稼ぐことができた。

「一日に四人接客して二十万円で、ロングコースの予約を取れば、それより少ない人数でも、一日十五万から二十万は稼げる。人数をこなさない魅力もその時に知って、それから一、二年ほど、超高級店でゆるく働いていました」

超高級店で破格の収入を得ていたが、稼いだ金は、タクシー代、バーやホストクラブでの飲み代に全て消え、手元にはほとんど残らなかった。

「夜の世界で働いていた期間、意中の相手は二、三人いて、交際を始めた相手とは同棲していました。金銭感覚が狂っている人たちの中にいたので、その中では、自分はほどほどにお金を使う存在でいたい、という自覚はありました。

稼ぎたい、という意欲はあまり強くなくて、むしろ「困りたくない」という気持ちが強かった。風俗でキャバクラ以上のお金を稼いで、風俗の仲間やホストと遊びながら、普通ぶって生きていく、ということがしたかった。何が普通なのかは、その当時も理解していたつもりです」

### †「普通ぶって生きていく」

「普通ぶって生きていく」ことを目指していたさくらさんだったが、夜の世界で働きながら、普通に生きていくことはできなかった。

「結局、普通じゃないから稼げる仕事ですよね。夜に稼いだお金は、そのほとんどが流れていってしまう。普通に生きるのは、簡単ではなかったです。

大衆店の時に知り合った女の子たちは、全員結婚してやめました。きちんと稼いでやめていく子もいれば、まず風俗をやめることを優先して、お金を貯めずに退店する人もいました。私自身は、お金のことを考えたら、今のタイミングではやめられないな……と感じていました」

手元にお金が残らない中で、国保などの滞納も重なっていった。この仕事をやっている間に、支払いや滞納を全部整理しないと、と思っていたが、一向に進まなかった。

「やめたいけれど、やめられない。最後の方はそう思っていました」

そうした中で、現在の夫である男性との出会いによって、さくらさんの人生に転機が訪れる。

「友だちが愛人契約をしていた男性の友人でした。当時はお互いに恋人がいたので、すぐに付き合うことにはならなかったのですが、一年程経って、彼といい感じになりそうな手前で、「この人と付き合うのであれば、風俗の仕事は絶対にやめないといけないな」「彼に嘘をついちゃいけないな」と思いました。

私は、彼の前では「お金には困っていないけれども、何もしていなさそうなキャラ」を作っていました。本当は吉原にいたのですが。

彼は「男性は女性を守るもの」という価値観で、羽振りも良かったので、私には会うたびにタクシー代として五万を渡してくることもありました。「いらない」と言っても、「お金は愛だから」「大切なものだから、受け取って」と言われて。それまで、お金＝汚いもの、というイメージがあったのですが、彼との出会いで、お金で守れるものがある、というイメージに変わりました。

お金を通しての愛をもらって、彼の愛を本当に感じた。人の優しさを知って「私もそうなりたい」「私は私で行動しないと」と思いました」

その後、まず貯金に走った。

「吉原で二十万円くらい稼いだ後に、彼と会って、タクシー代として五万円をもらうと、日給三十万近くになる。吉原で働いていることは彼には言っていなかったので、汚いな自分、と思って。彼に対して、嘘のない自分になりたい、と思いました。

貯金を始めて、二百から三百万は貯まりました。本当は数千万円を貯めたい、という気持ちはありましたが、普通の昼間の仕事で考えたら、二十四、五歳でそのくらいの貯金があれば十分だろうと。当時の家賃が九万円だったので、一年間は生活できるし、ソープをやめても、キャバクラの派遣をすればなんとかなる、と思っていました」

店をいつやめるか、ということについては、かなり悩んだ。やめない限り、次の関係には行けない。自分に嘘はつきたくない。彼にも嘘はつきたくない。

## †やめる決断ができるタイミング

「最終的には、彼が自分の家に入れてくれたタイミング、これからちゃんとした彼女になっていくのかな、と思えたタイミングでやめました。

風俗の仕事には、やめどきがあると思います。それは、今日でも、明日でも、明後日でもいい。お金よりも、やめどきのほうが大事。デリヘルで数千万円稼いでやめていく子も見たことがありましたが、だいたいの子は、そんなに貯まっていないし、貯められない。やめる勇気が湧いたタイミング、やめる決断ができるタイミングを逃してはいけません」

ソープの仕事をやめる直前から、銀座のクラブで働き始めた。

「彼にきちんと言える仕事がないと不安だったので、「銀座で働いている」と説明するために、働き始めました。いきなり昼の仕事に戻るのは無理だと思ったので、まずはお水の世界に慣れる、というノルマを自分に課しました。内心、自分にはやれっこない、と思っていたところもありましたが……。

年齢的に歌舞伎町ではもう働けないかな、と思ったのですが、銀座であれば、まだ気にするような年齢ではなかったので」

銀座のクラブで稼げる日当は、二、三万円。吉原のソープと比べると十分の一程度だったが、昼の仕事に戻るためには、時間あたりの単価について、ソープと比較せずに働くことをどれだけ実践できるかが大事だと考えていた。

「金銭感覚を戻すことは、すごく大変でした。はじめの三、四カ月は、特に苦しかったです」

終電までに帰らせてくれる職場だったので、とにかくタクシーに乗らないことを頑張ろうと誓った。タクシーを使って帰ったら、それだけで一万円はかかってしまう。日当の半分がタクシー代で消えてしまったら、意味がない。普通の仕事にも戻れない。

「タクシーに乗るたびに「また乗ってしまった」「昼間の仕事では生きていけない」と、罪悪感に囚われていました。月収二、三十万円の生活を幸せに思えるようになるためには、タクシー移動をやめられるかどうかがネックになると思います」

半年ほど銀座で働いた後に、エステの開業を目標にして、専門学校に通い始めた。昼間の仕事をするために学校に通っている、となれば、学生という身分になるので、仕事をしなくてもおかしくない。

専門学校で学びながら、金銭感覚を普通に戻したところで開業しよう、と考えていたところ、妊娠が判明。そのタイミングで彼と入籍した。結婚後、仕事をしていく中で「二度と女を使わない」と決意した。

それ以来、現在に至るまでの間、性風俗の仕事は一切していない。様々な葛藤はあったが、出産後にエステサロンを開業し、その他の仕事もやりながら、夫と子どもと生活している。

性風俗の世界を離れてみると、改めて「すごい仕事だったな」と感じる。どんなにキラキラした世界に見えても、昼の世界で生きている人たちから見れば、人に批判される仕事、タブー視されている仕事であることを改めて感じた。

## †結果としての結婚

「あの仕事をしたことで、色々なことを幸せに感じる。幸せを感じやすい人になれたなと思います。あの経験があれば、ちょっとしたことではへこたれない。だからこそ、戻らずに結婚生活を続けていられるのだと思います。

知り合いの子たちも、半分以上が風俗をやめるタイミングで結婚しています。その後でまた風俗の世界に戻ったケースは、私の周りではありません。

多くの女性にとっては、男性がいないと、やめることは難しいんじゃないのかなと。綺麗事でセカンドキャリアを築けるわけではないし、当事者にも一番響く事実だと思います。「そうだよね、好きな人の存在が、やめるきっかけになるよね」と。

ただ、私を含めて、やめた子たちは、男に逃げようとしたわけではない。最初から結婚を意識して、どこかにいい男はいないかな……と探していたわけではない。結果として、そうなっただけで」

今よりも成長しなければ、変わらなければ、と悩むようになり、自分の中でやめたくなる理由ができた後に、男性との出会いが生まれる。出会う手前の段階で、いつもと違う考え方や動き方はしているはずなので、結果的に「やめる理由」を手に入れることができた人たちがやめられているのでは、とさくらさんは感じている。

「そのタイミングで出会ったパートナーを逃さないことが大事だと思います。風俗で働いている子の中には、美容関連や医療事務などの資格を取る人も多いですが、まずやめるきっかけがないと、資格を取ろうという気持ちには、そもそもなれないと思います。周りの人に嘘をついていたり、親から年齢や仕事のことを聞かれたり、物件を借りる際に「審査に通るかな……」という不安を感じることが多くなってくると、未来のことを考え始める。でも、次に何をしていいのかわからない。ただ、次のことを考えるよりは、まず、やめどきだと感じた時にやめる、ということが大事だと思います」

夜の仕事をやめた女性は、自分の過去を絶対に振り返らない、という。

「黒歴史でもあるので、振り向くことはタブー。過去の話をしたところで、誰も幸せにならない。聞きたくもないだろうし。過去の出来事を言葉に出す機会がなくなるので、忘れていく。私自身も無意識のうちに記憶が消えて、罪悪感もなくなっていきました。周りからは「普通に昼間仕事をしている人」と思われているし、日常で風俗のことは一切触れないので。

セカンドキャリアを実現した人は、情報や言葉を残さない。私自身、自分の体験や感情を表に出す機会はありません。でも、こうした情報を必要としている人は多いと思います。私の例も、一つの知見、エビデンスにしてほしい。悩んでいる人たちに届いてほしいです」

## 3 自分自身が成長できた場所でした

舞さん(仮名・三十三歳)は、現在専業主婦として都内で暮らしている。一歳のお子さんを抱っこしながらインタビューに答えてくださった。

舞さんが性風俗で働いていた期間は、二〇一〇年から二〇二〇年頃までの約十年間。この世界に足を踏み入れたきっかけは、路上のスカウトだった。高校卒業後、服飾系の専門学校に進学した。学校のある渋谷の街を歩いていたら、男性から「稼げる仕事があるよ」と声をかけられた。性格的に断れないタイプだったこともあり、足を止めて、男性の話を聞いた。

## †断れない性格

特にお金には困っていなかったが、それまで勤めていた小売業のアルバイトをやめた時期でもあったので、「よくわからないけれども、ちょっとやってみようかな」と思って連絡先を交換し、後日、自分から「仕事を紹介してほしい」と依頼した。

スカウトから紹介された店は、OLをコンセプトにした渋谷のホテヘルだった。客が受付所を訪れ、そこで好みの女性を選び、一緒にホテルに行ってサービスを受ける、という業態である。

入店の際の面接は、店長からホテヘルの業務内容を淡々と説明され、用紙に身長やスリーサイズを書かされるだけで、あっさり終了した。店長による事前講習も、同じように淡々とおこなわれた。「エロい行為が日常にある世界なんだな……」と感じた。

舞さんはそれまで男性と付き合った経験がほとんどなく、男性とのコミュニケーションの取り方もよくわからなかった。

「エッチとかもあまりしたことがなかったので、やり方を教えてもらいました」

最初の客のことは、今でもはっきり覚えている。素人好きを自称する男性で、シャワーも浴びず、風呂にも入らない状態で、いきなりプレイを開始させられ、コンドームをつけずに生で挿入された。お店のルールでは、サービス中の挿入行為=本番は厳禁である。

「お客さんからは大金をもらっているわけだし、逆らったら怖いなと。今だったらガツンと言えるけれど、当時は怖くて何も言えませんでした」

初回からマナーもルールも無視した客を当てられ、ひどい目に遭わされたが、舞さんは店をやめずに、そのまま勤務を続けた。

「他の人の話も聞いてみると、初回は素人好きの変なお客が来るらしいです。それでも収入が良かったので、そのまま続行しました。お金をもらってしまうと、やめづらくなるので」

舞さんは「大金」と言うが、決して料金設定の高い店ではなく、六十分コースでの女性のバックは、一万円に届かない。一日で稼げる額は、二、三万円ほどである。

男性と付き合った経験がほぼない状態で性風俗の世界に入った舞さんにとって、男性の世界を知ったことは新鮮だった。「男性って、意外とエッチなことを考えているんだな（笑）と思いました」

最初の店で働いたのは、半年程度。在籍中に「もっと自分に合ったお店や働き方があるのではないか」と感じるようになり、他の店や仕事にも応募するようになった。

### †好奇心で突き進む

「好奇心もあって、こっちの仕事の方がいいのでは、今よりも楽なんじゃないかな、と思って、突き進んでしまった感じです」

それから舞さんが経験した業種・業態は、ヘルス、ソープ、ライブチャット、おっパブ、出会いカフェ、ストリップ、撮影会、エロ系の情報商材、コスプレイベントでの売り子など、多岐にわたった。東京・神奈川・埼玉を転々としながら、様々なジャンルの仕事を行った。

「これらの仕事を少しの期間やってみたり、途中でやめたり、再開したり……ということを繰り返していました」

埼玉の西川口と蕨《わらび》の激安ソープは、長続きしなかった。ソープは一日中、同じ部屋の中で働き続けることになるため、毎回違うホテルの違う部屋に行くホテヘルと異なり、環境に変化がない。サービスの技術も求められるので、舞さんには今ひとつ合わなかった。ライブチャットは、生理で出勤できない日や、仕事が暇な時間帯にやっていた。ライブチャットは基本的に夜の時間帯が稼げるが、舞さんは実家住まいで昼の時間帯しか働けなかったので、思うようには稼げなかった。

昼間はヘルス、夜はおっパブというシフトで働いていた時期もあった。おっパブでは、店内の照明が暗くなるダウンタイムがあり、そこで女性が上半身を脱いで、客に胸を触らせる。触っていいのは上半身だけで、下半身へのタッチはNGである。

ダウンタイムに入るまでは、トークとお酒で場をつなぐことになるが、舞さんはその間をうまく埋めることが苦手だった。

「私はトークがダメなので、やることがなさすぎて。上半身しか使わないため、時間を持て余してしまいました」

一方、出会いカフェではそれなりに稼ぐことができた。出会いカフェは、店内に男性と女性が会話できるトークルームがあり、そこでデートの内容や金額の交渉をおこなう。ホテルに行って性交渉をする、ということで話がまとまれば、店を出て、そのままホテルに直行する。一回の金額は、最大で二万円。おおむね一万五千円くらいで受けることが多かった。

### †相場がわからない

「素人のような雰囲気と地味な服装をしていたので、そういうタイプが好きな男性にはよく声をかけられて、一日で何度もカフェに出入りすることもありました。相場がわからなかったので、男の人に教えてもらった金額で設定していましたが、今思えば、低い金額を言われていたかな……。風俗のように決まった時間にきっちり出勤する仕事ではないので、暇があれば行っていました」

短期間だが、ストリップの仕事をしたこともあった。

「スカウトの紹介で入ったのですが、ダンスとかも全くやったことがないのに、今思えばよくやっていたな……と。一公演の数日間のみです。新人の初々しさを売りにしただけで終わり、でした。改めて振り返ると、すごい世界にいさせてもらえたのだなと感じます」

様々な業種・業態を転々としていたが、同業の女性と交流する機会はほとんどなかった。性風俗の仕事では、在籍女性がそれぞれ個室で待機する形式の店を選んでいたこともあり、他の女性とのコミュニケーションはほぼなかった。

舞さんが働き始めた頃は、性風俗の仕事でSNSを使う女性は少なかったが、SNSが広まった後も、他の同業女性との交流はなかった。

性風俗以外では、同人誌の即売会・コスプレイベントでの仕事も経験した。舞さん自身はコスプレは全く未経験だったが、撮影した着エロの商材を手売りで販売。SNS上での発信もおこない、Twitter（当時）のフォロワーは、最盛期で五千人ほどになった。身バレが怖かったので、仕事別に複数の営業用アカウントを作っていた。

流浪《るろう》の果てに、最終的にたどり着いたのは、AVの仕事だった。性風俗の求人情報誌に載っていた「舐めない・脱がない」という求人広告を見て応募したら、面接で「うちはAVもやっているんだけど」と言われて、仕事を紹介された。広告と関係ないじゃないか、と思ったが、断れない性格であることも手伝って、まずはやってみることにした。

### †AV業界との出会い

ダミーの求人広告経由で出会った仕事ではあったが、AVの仕事は、舞さんにとって最も自分に合った仕事であり、長く続けることができた。

「AVは台本があり、やることが決まっているので、その通りに動けばいい。コミュニケーションが苦手な私にとっては、とても楽でした」

AVの仕事は、収入面でも恵まれていた。出演料は、撮影の内容にもよるが、ハードなものは一本で数十万円をもらえるときもあった。イベントに出るようになって、共演後に他の女優と写真を一緒に撮り、Twitterをフォローし合う、という交流も生まれた。

しかし、脱ぐ仕事につきまとうのが、家族や友人への「身バレ」である。舞さんも働いていることが家族にバレてしまった。

「最初にバレたのは、ヘルスの仕事です。完全に自分が悪いのですが、父親のパソコンを使っていたので、履歴を見られてバレてしまいました」

父親から、同居している祖母、離婚して別居している母親にも伝えられてしまい、家族全員の知るところになってしまった。両親にバレた後、きょうだいからも「実は前からネットで見つけていたので、働いていることは知っていたよ」と言われた。

しかし、家族全員にバレた後も、そこで脱ぐ仕事をやめることはせずに、少しだけ休んだ後、しれっと再開した。

「周りの人たちからも「ほとぼりが冷めたら、またやっちゃえば」と言われていたので。ただ結局、その後も再び家族にバレてしまったのですが……」

二回目以降は、きょうだいから「ネットでまた見たよ」と言われた。

「親も薄々気づいていたと思います。「普通の仕事に就いてほしい」とは、しょっちゅう言われていましたね」

専門学校を卒業後、大手のアパレル会社に就職したが、すぐにやめてしまった。性風俗の仕事も並行しながらの勤務だったので、会社の収入とどうしても比較してしまう。会社で長時間働かないと得られない金額が、性風俗やAVの仕事であれば、短時間ですぐに得られる。一回やると、なかなか抜けられないな……と感じた。

脱ぐ仕事で稼いだお金は、基本的に貯金していた。もともと派手に使うタイプではなく、金銭感覚が狂うようなこともなかった。稼いだお金の一部は、父親に渡していた。父親が株で失敗したときに、舞さんがお金を出して補填したこともあった。

「当時は父親が働いておらず、きょうだいもひきこもりだったので、家計の足しになれば……と思ってお金を入れていました」

性風俗で働く上でのトラブルは、本番を要求してくる客と揉める、客からクレームをつけられる、店のスタッフから手を出される、匿名掲示板に悪口を書かれるなど、一通り経験した。お金の未払いに関する問題で、風テラスに相談したこともあった。

### †風俗業がつまらなくなった

刺激の多い生活だったが、年数を重ねるにつれて、性風俗で働くこと自体が、変化のない日常に変わっていった。最初のホテヘルに入店した直後は緊張や興奮、非日常感があったが、いつしか客の前で裸になっても、何も感じなくなった。そして、メンタル面での不調が続くようになった。

「頑張っても仕事がうまくいかず、地雷嬢（接客態度やサービスが悪く、客に不快な思いをさせる風俗嬢）みたいになっていました。お金も頂いているので、やることは一通りできるのだけれど、お客様と目を合わせられない。会話も盛り上げられない。それで売上が減って、さらに自信とやる気がなくなる、という悪循環でしたね……」

そうした中で、彼氏となる男性との出会いがあった。彼氏には、最初は仕事のことを秘密にしていたが、途中からバレてしまった。しかし、彼氏は「それでもいいよ」と言って、交際を継続してくれた。彼氏に仕事の愚痴や悩みを聞いてもらうこともあったが、状況はあまり改善しなかった。

売上の低空飛行が続く中、脱ぐ仕事をやめる時が訪れる。きっかけは、子どもをつくること、いわゆる「妊活」をすると決めたことだった。彼氏が「子どもが欲しい」と言い出して、舞さんもそれに同意した。名残惜しさはあったが、ピルの服用をやめると同時に、性風俗の仕事もスパッとやめた。一番好きだったAVの仕事だけ、臨月までの間、脱がなくてもいいエキストラとして関わった。

子どもが生まれてから一年間、性風俗の仕事は一切していない。それでも、SNSのエロアカウントから、小遣い稼ぎ程度に何か仕事ができないか、ついタイムラインを見て回ってしまうこともある。

「色々あったけど、貴重な経験だったし、楽しかった。育児が落ち着いたら、元の仕事に戻りたいという気持ちはあります。夫が「子どもがいるのに、そういう仕事をしていることがバレたら大変なことになるので、やめろ」と言っているので、実際に戻ることはないと思いますが」

## †もっと真面目にやればよかった

当時は、出勤も接客も嫌だと思っていたが、いざ仕事をやめてみると、「もっと真面目に仕事をしておけばよかった」という思いが湧いてきた。

「実家住まいだったので、極力すっぴんで家を出て、靴もスニーカーで、現地で服を着替えて、靴を履き替えて、化粧して……という感じでした。美容にもお金をかけていなかった。出会いカフェでは、そこが武器になった点はあるのですが。

もし、もう一度やり直せるなら、素人っぽさを売りにするだけではなく、もっと美容面にお金をかけて、メイクをバッチリして、自分に自信を持って接客したかったです。服装も、毎回家出少女みたいな格好だったので、もっときちんとした身なりで働けばよかった。やり残した感はあります」

性風俗で働く前は、自分に自信がなかった、と舞さんは語る。

「それまで男性から褒められたことはなかったのですが、「かわいい」「きれい」と言われて。そこはすごく嬉しくて、自信になりました。風俗で働かなかったら、一生男性とも関わらなかったはず。働いたおかげで、男性でも女性でも、普通に会話ができるようになった。風俗を経験してからのほうが、初対面の人とも会話ができるようになったと思います。

一方で、親を悲しませてしまったのは大きなマイナスでした。大好きだったおばあちゃんにもバレてしまい、悲しませてしまったときは、自分もとても辛かったです」

昔のつながりは、まだ残っている。当時使っていたX（旧Twitter）のアカウントは消しておらず、働いていたお店のLINEもブロックしていない。たまに昔関わっていた人のアカウントを開いて、「この人、がんばっているな」「子どもを産んでからも活躍していて、すごいな」と勇気をもらっている。

「色々な事情でSNSをやっていない方もいますが、その方たちもきっと頑張ってるんだろうなと思います。私は頑張れなかった時や地雷嬢だった時がほとんどなので、本当に尊敬します。

あんなに嫌だと思っていたのに、今はもっとちゃんとやっておけば良かったなと思っています。やめてから後悔することもある、ということですね。

やめたあとに役立つのは……貯金です。あとは、出会いがある仕事なので、お客さんとLINEでつながっておいて、困ったときに助けてもらう、という人もいると思います。私は全然できなかったですが」

やめた後に改めて振り返ると、舞さんにとって、性風俗とはどのような存在だったのだろうか。

「私にとって風俗とは、「なくてはならないもの」です。風俗で働けてよかった。自分自身が成長できた場所でした。もし働いていなかったら、男性と関わらないまま一生を過ごしていたかもしれません。風俗がなくなったら、男性だけではなく、女性も困ると思います。

これからのことについて、心配性なので、貯金ができないことだけ、少し不安に感じます。子どものことなど、これからお金がかかるので不安ですが、うまくやって行こうと思っています。今日は、久々にこういうことを話せて、良かったです」

## 4　自己肯定感の低さは、パパ活や風俗では回復しない

### †学費を出せないと言われた

真紀子さん（仮名・三十一歳・会社員）は、高校を卒業した後、都内の有名私立大学に進学。楽しい学生生活を送っていたが、ある時、親から「大学のお金を出せなくなった」と告げられた。

母親が仕事をやめることになり、父親の給料だけでは真紀子さんの学費を支払えない状況になった。「退学するか、休学して自分で働くか、どちらかにしてほしい」と選択を迫られた。

大学は大好きだったので、退学するという選択肢はなかった。二年間休学して、働いてお金を貯めて大学に戻ろう、と決意した。しかし、大学を卒業するまでには、六百万円もの費用がかかる。そんな大金を、犯罪以外でどうやって作ればいいのか……と途方に暮れた。一人で考えた結果、「高級デリヘルで働く」という選択肢しか思いつかなかった。

Googleで検索して、「ここなら安全に稼げそう」と思えた都内の高級デリヘルを選び、入店した。真紀子さんはモデルの仕事をした経験もあり、高身長と美貌《びぼう》に恵まれていたこともあって、面接では顔を見ただけで即採用された。新しくできたばかりのお店で、事務所はなく、自宅から直行直帰で勤務する形になった。料金は九十分十数万円。そのうち、女性の取り分は半分ほどだった。

高級デリヘルの客層は、経済的に余裕のある四、五十代の中高年の男性が中心。「この時間を良い時間にしたい」という思いで、金に糸目はつけず、高級ホテルの一室でケーキを用意して待っている客もいた。三時間を超えて利用する客もいて、一日で五十万円を稼ぐことができた日もあった。

性風俗の仕事は全くの未経験だったため、通常のデリヘルのサービス内容自体を知らず、客とは普通に本番行為をしていた。追加料金として、プラス五万円をもらっていた。

「回数を少なめにした方が、自分の心の負担が少ないだろう、と計算して、単価の高い高級デリヘルを選びました。そうしたら、予想外に心から楽しんで働くことができました。お客さんのことも大好きで、「これは天職だ」と思って、幸せな時間を過ごしていました」

## †店長との同棲、そしてDV

しかし、「天職」と思ったのもつかの間、真紀子さんは六回出勤した時点で、その店をやめてしまう。

「お恥ずかしい話ですが、デリヘルの経営者と交際関係になったんです。サイコパスな人だったのですが、それが魅力的に見えてしまって」

高級デリヘルで働き始める前は、普通に大学生の彼氏がいた。デリヘルで働き始めたこと、店長と付き合い始めたことについて、隠し通せるかと思ったが、彼氏にはすぐにバレてしまった。彼氏は泣いて悲しんでくれたが、「それ以外に選択肢はないから」と告げて、別れた。

しかし、店長と同棲を始めた後、束縛、監視、軟禁などのDVを受けた。最終的に警察が介入して、別れる結果になった。

「私からの連絡が途絶えたことに気づいた友達が、女性団体や警察に相談して、みんなぐるみで私をだましていてくれて。当時は相手に洗脳されていたので、別れるという選択肢は全くなかったのですが、いい友達を持ったな……と思います。半年くらいの関係だったのですが、ショックすぎて、そのあと十年くらい、心に傷が残りました。自分自身もきつかったし、周りの人にも迷惑をかけてしまいました」

高級デリヘルで稼ぎ切ることができなかったため、結局、学費は親族から借りる形になった。二百万円ほど借りることができたが、それでもまだ四百万円足りない。

「残りの四百万円は、パパ活で稼ぎました。利用したのは、出会い系サイトと銀座の交際クラブです。世間のイメージに反して、出会い系サイトで出会った男性は、皆すごく良い方ばかりでした。一方、交際クラブの客層は今一つで、あまり良い方には出会えませんでした」

### †計画的に稼ぐ

継続的な交際に至った相手は三、四名で、それ以外の単発での関係は二十名程度。自分の中で一次選考の基準を設けて、それをクリアした相手と交際する形にしていた。

大学の学費が年間百四十万円だったので、そこから毎月稼ぐ必要がある金額を計算して、客単価を設定した。基本の値段は一回十万円で、継続的な交際の場合は月額十二万円、単発の関係の場合は一回八万円といった形で、相手との交渉によって金額や会う頻度を調整していた。

「まずは十万円と伝えて、その後交渉で八万円に落とす。八万円を支払う余裕のある男性に、変な人は少ないです。嫌な人もいるけれど、次から会わなければいいだけなので」

「できるだけ値段を高くして、回数を減らす」「値切ってくる相手とは交際しない」といったルールを決めていた。

「個人的にも尊敬できる人、お金の関係を抜きにしても一緒の時間を過ごしたい、と思える人もいたので、月十二万円固定で、毎月五回会う男性もいました。彼氏と彼女のような関係ですね。今でも思い返すことのある男性もいます。

経営者の男性もいたのですが、彼らの思考を身近で学ぶことができたのは、とても勉強になりました。仕事を一生懸命頑張っていたからこそ、今の経済的余裕がある。考え方もしっかりしていて、お勧めの本とかも教えてくれる。私の話もちゃんと聞いてくれて、勧めた本も読んでくれる。大学生同士のお付き合いとはまた違う経験をさせてもらいました。一方で、月五十万出すと言われても、断った人もいました。お金を払わずに消えてしまった人がいたり、トラブルはちょいちょいありましたが、あまり気にしていなかったです」

パパ活で嫌なことがあった時に、周りの友達に愚痴れないのは辛かった。パパ活をしていることを打ち明けた相手もいたが、基本的には、自分から話すことはしなかった。

「大学では、そういうことはしないタイプの人間だと思われていたので」

パパ活によって無事に必要な金額を稼ぐことができ、大学にも復学することができた。パパ活で出会った男性たちとは、大学を卒業するタイミングで円満に別れた。
しかし、真紀子さん自身が、パパ活をすっぱりとやめることはできなかった。卒業後、就職してからも、ずるずると半年くらいは続けてしまった。
そうした中で、現在の夫となる男性との出会いがあった。この出会いが、真紀子さんのその後の人生にとって、大きな転機になった。

## †違う世界の人と出会う

「彼との出会いで、人生が変わりました。出会ったのは、登山を始めたのがきっかけでした。登山の道具はほとんどパパ活の男性に買ってもらったのですが（笑）、山登りのガイドを彼がボランティアでやっており、そこで知り合いました。

山での出会いは、とても良いです。一泊二日の間一緒にいて、歩きながら、食べながら、夜には星を見ながら、仕事の肩書きを脱いで色々な話をするので、相手の興味の範囲や感性もわかる。チームのメンバーがしんどいときに支えることができる人か、置いていく人かどうかもわかる。パパ活女子は山に登れ、と言いたいです（笑）」

パパ活をしていることは、当初彼に隠していたが、あっという間にバレてしまった。

「隠しきれない第六感でバレた……というか。相手の男性と会う日に、「今日、どこに行くの？」と聞かれる。やめざるを得なかったです。パパ活をしていることについては、彼が本当に嫌がったんです。

私自身の恋愛観は自由な方で、一対一でないとダメだという感覚はない。ポリアモリー（複数愛）の方がむしろ健全でしょう、と思ってしまう。だから、彼とそこがズレていて。でも彼との関係を重視しました」

その後、彼とめでたく結婚。現在、真紀子さんは妊娠中で、もうすぐ第一子が生まれる予定である。

「もうすぐ三十二歳だし、子どもも生まれるので、今後はそういった世界に戻ることはないと思います。二十代のうちが一番ちやほやしてもらえるので、その間にやっておくべきものでしょう。ただ、「やり切った」という感覚はありません。パパ活とはズレるかもしれませんが、性的なチャレンジはもう少しやってみたかった。三人で、とか。そういう思い残しはちらほらありますが、それはみんな心のどこかで思っていることだろうから……と考えるようにしています」

パパ活や性風俗の世界に身を置いていたことについては、複雑な気持ちがある。「やらなきゃよかった」という気持ちもあるが、お金があったらやらなかったかどうかは分からないし、「したからこそ今がある」という気持ちもある。

## †短絡的に行動してしまった

「どうやったら、自分は風俗やパパ活をしなかったんだろう、なんでしたんだろう、ということを改めて考えたとき、「短絡的だった」ということが大きな理由だと思っています。学費や生活費が払えない、という問題は、私大では「あるある」じゃないですか。そうした時に使える奨学金などの制度も、色々な選択肢が存在している。

ただ、私の場合は、親が借金に対するバイアスを持っていて、奨学金の書類にサインしてくれなかった。「人生を縛ってしまうので、借金は良くない。あなたの人生のために、私はサインしません」と言われたのですが、それに対して言い返せる根拠やロジックがなくて、引き下がってしまった。

そこでもう少し調べたり、他の大人に相談をして、借金をすること・しないことのメリットとデメリットをそれぞれ比較したうえで、判断することもできた。奨学金を借りてしまえば、それで解決だった。

パパ活についても、もうちょっと戦略を練っていれば、身体の付き合いなしで「後払いでいいよ」と学費を支援してくれる余裕のある方と出会えたかもしれない。そうした選択肢を全て検討せずに、短絡的に行動してしまったと思います。大いに反省して、今は「困ったときは、短絡的に行動しないようにしよう」と自分に言い聞かせています」

真紀子さんがモデルの仕事をしているとき、周囲には経済的に苦しい状態の女性が少なくなかった。モデルで月に五、六万しかもらえないと、アルバイトをしても、月収は十数万円にしかならない。

そうした女性に「キャバクラとか風俗はやらないの?」と聞いたら、「いや、それは逃げだと思う」「コンビニなどのバイトでも、暮らせるだけのお金は稼げるのに、それをやらないでキャバクラや風俗をするのは、逃げだと思う」という答えが返ってきた。

「普通の人は、そういう風に考えるんだ……と驚きました。私はもう短絡的に始めてしまったタイプだったので。

風俗やパパ活をしようかどうか迷っている人がもし私の近くにいたら、他の選択肢がないかどうか、一緒に考えよう、と伝えて、取れる選択肢をすべて紙に書き出すと思います。必要な情報を全部収集したのか、相談できるすべての人に相談したのか。すべての窓口や制度を利用したのか……といった具合に。まずは足を踏み込まないことが大事だと思います。女性の二十代は十年間しかない。貴重な十年間を軽視しないでほしい、と思います。パパ活や風俗をしていると、どうしても相手を消費する対象として見てしまいがちですよね。でも、どの女性も、一人の人間だし、これからも続いていく人生があるし、誰かが大切に育てた娘です。そうした背景も含めて、大切に扱ってほしい。自分が消費される対象として働いていた経験があるからこそ、そう思う。自分の親に対しても、申し訳ないなと思います」

短絡的に行動してしまった背景には、真紀子さん自身のパーソナリティも関係している。時折破滅願望のような気持ちが出てくる時があって、そうした時に、一気に出会い系サイトや交際クラブに登録して、大勢の相手と関係をもつことをしてしまうことがあった。

その破滅願望がいつ・どこからくるのか、法則がつかめれば予防と対策ができるのだが、未だによくわかっていない。

「はた目から見れば幸せそう、羨ましい、と言われるような生活をしていても、裏では破滅願望に囚われていたり……ということがありました。

矛盾しているように聞こえるかもしれませんが、お金の介在した関係を結ぶことで、そうした破滅願望からは逆に身を守られていた、という側面もありました。高級デリヘルやパパ活をしていると、男性と無料で性的な関係を結ぶことがもったいない、無駄と感じるようになります。お金をもらうときしかしない、となると、人数や回数はグッと減る。そこに守られた。不特定多数の相手と、フリーでもいくらでも……とはならなかったので、その点では、身を守ることができたと思います。

一方で、セフレを何人も持っている男性が許せない、と感じるようになりました。以前だったら、他人事、笑い話としか思えなかったのですが、自分自身を投影してしまうのか、「複数の女性と、無料で色々やるなんて」と怒りが湧いてしまいます。自分の中で「若さを搾取された」という思いがあるのかもしれません。ちなみに、お金をもらわないともったいない、という気持ちは、三十代になったこともあり、今はもうありません」

破滅願望が出てくるのは本当によくないと思い、心理療法に通っていた時期もあったが、あまり効果はなかった。メンタル面での不調が回復したのは、現在の夫との出会いだった。

### ✝世界観を変え、リミットをはずす

「交際を始めてから、彼は「上下関係のない、対等な人間関係ってこういうことだよ」と

いうことを示し続けてくれました。自分を軽視・卑下することはやめろと言われて、そういうことをしてくる友だちを全部切るように言われました。私を軽視してくる人との関係をすべて切ったことで、軽視されることが普通ではなくなっていった。

それまでは、自分で自分のことを低く置いてしまっていた。自分から相手にマウントを取られたがる、支配されたがる傾向があったのですが、対等な関係を彼と築くことができるようになっていくと、そうした傾向は無くなっていきました。

自分は支配されて当然、軽視されて当然の人間だと思っていると、風俗から抜け出せない。お金ではなくて、結局はモノの見方、世界観だと思います。自己肯定感の低さは、パパ活や風俗では回復しない。回復どころか、上塗りされるだけ。いくら高いお金で契約したとしても、それは変わりません」

真紀子さんの場合は、パパ活や性風俗とは違う方法でお金を稼げるようになったことが、自己肯定感を上げるきっかけになった。

モデルの仕事をしながら金融関係の資格を取り、個人事業主として仕事を受託し、一千万円を超える年収を稼げるようになった。

「仕事を軌道に乗せるまで、最初は苦しかったのですが、頑張って努力しました。風俗やパパ活をしていたときは、努力と言えるようなことはしていなかった。お客さんとのトークを頑張るとか、うなずきながら話を聴いてあげるとか、ちょっとした気配りや所作は気にするけれど、それって全て小手先のことじゃないですか。それでは自己肯定感は上がらない。

パパ活無しで、自分の力だけで稼ぐことができるようになったことで、変わりましたね。自分って、やればできる人間なんだって。お客様から信頼して頂いて、これだけの結果を出せる人間なんだ、と。

自分を切り売りしなくてもいいんだ、ということは、違う仕事で成果を出せるようになってから、強く感じるようになりました。その時の経験があったからこそ、入ることが難しい、と言われている現在の会社に入ることができた」

自己肯定感の低い人は、就職活動でも、本来であれば上を狙える能力があるのに、それよりも下のところを受けてしまう。自分でリミットを作ってしまう。真紀子さんも、そのリミットを外すのが大変だったという。

「就活を始めた際、落ちて傷つきたくなかったので、無難な会社を選んでいました。でも、夫が「もったいないよ。真紀子はもっと上の会社を狙えるよ」と言い続けてくれたので、とりあえずGAFAM（ガーファム：Google・Amazon・Facebook（現Meta Platforms, Inc）・Apple・Microsoftの企業名の頭文字をとった呼び名）から受けました（笑）。夫もGAFAM系の会社に勤めていたので、発言に根拠はあったと思います。

「自分なんて、書類選考で落とされちゃうよ」と思っていたのですが、実際に面接対策をして受けてみたら、意外といけそうなことに気づいて。最終的に、第一志望の会社に入ることができました。応募して損はない、と自分に言い聞かせて行動したら、本当に受かった。

社会的な地位も得られるようになって、人からの見られ方も変わったし、自分自身への見方も変わった。自分は軽視されるような人でも、身体を切り売りされるような人でもない。そんなことは、わざわざ誰かに主張するまでもなく、当たり前のことでしょう、という価値観になりました。

パパ活や風俗は「人に言えない」という時点できつかった。どれだけ自分の中で誇りに思っていても、人間は社会的動物であり、周りから認められたい、という気持ちがあるので、誰からも「いいね！」と言ってもらえないと、しんどいです。Googleで働いてます、すごいね、と言われたほうが楽」

## †自分を大切にしてくれる人

改めてこれまでのことを振り返ると、自己肯定感を上げるための方法は、やはり「出会い」であると考えている。

「出会いが一番簡単だと思います。自分一人で自己肯定感を上げることができればいいけど、無理ですよね。一人では上げられない。自分の自己肯定感を下げるような相手はどんどん切っていって、一人でも二人でもいいので、自分を大切にしてくれる人を残したほうがいい。

でも、風俗女子やパパ活女子は、自分を大事にしてくれない人だけを残して、大事にしてくれる人の方をどんどん切ってしまいますよね……。私も夫に怒られながら、しぶしぶ、いやいや人間関係を整理していったので、そこは分かります。

自分を大事にされた経験がないと、相手を大事にする基準がわからない。表向きに甘い言葉をかけてくれる人が自分を大事にしてくれると勘違いしてしまう。

出会いを得るためには、住む場所を変える、職場を変えるなどの行動が大事です。「決意を新たにする」というのは、一番ダメだと思います」

もうすぐ生まれる予定の子どもは息子だが、娘だったら、性風俗の仕事やパパ活はしてほしくない、と考えている。

「以前はそう思っていなかった。すべての人には性的自己決定権があるので、誰と何をしようが自由だと思っていました。それから一周回って、「やっぱりよくないよね」と思うようになりました。

性に向き合うことは、一人の人間が大人になっていくために必要な過程なのだと思います。その過程では、自分に対しても、他人に対しても、誠実でありたいです」

## 5 必要なのは、パートナーとの対等な関係

本章で自らの体験を語ってくださった愛さん、さくらさん、舞さん、真紀子さんは、いずれもパートナーとの出会いによって、性風俗からの卒業を実現している。

本節では、この四名の事例を通して、パートナーとの出会いによって脱がずに生きるこ

とを実現するための条件、及び課題を考えていきたい。

## †夜職の世界で「白馬の王子様」に出会うことの難しさ

夜職の世界で孤独に生きている女性が、「白馬の王子様」や「あしながおじさん」のような、社会的地位と経済力を有している男性との出会いによって救われ、幸せにくらすことができるようになる……というと、令和の時代にそぐわない古い物語のように思えるが、性風俗の仕事をしている女性にとって、パートナーとの出会い＝結婚が卒業の大きなきっかけの一つになっていることは、否定しようのない現実である。

性風俗の仕事は、一見すると最も結婚から縁遠い仕事に思えるが、従事している当事者は、結婚願望の強い人が少なくない。そもそも、性風俗も水商売も、歴史を遡れば、その原型は「効率的に直引《じかび》きをおこなうための場」である。店に来た男性と個人的な関係になり、店外での交際を通して関係を深め、最終的にパトロン（資金提供者）、あるいは結婚相手になってもらうことがゴールであり、そのための出会いを見つける場所であった。

夜職の世界で生きる女性たちにとっては、就労や目標の達成による卒業よりも、結婚による卒業の方が、はるかに現実的、かつ望ましいゴールであると考えられている傾向はある。

しかし、実際に夜職の世界で「白馬の王子様」や「あしながおじさん」に出会うことは、容易ではない。

本章でインタビューした女性たちは、いずれもメンタルの不調で苦しんでいた時期がある。

愛さんは、精神面の不調による留学の中断と彼氏との別れが重なり、ストレスで苦しんでいたときにマッチングアプリでホストの男性に出会い、そこからホストクラブにのめり込んでいった。

さくらさんは、昼の仕事をやめてキャバクラ専業にした途端に、メンタルの不調で思うように稼ぐことができなくなり、それが客との愛人契約や性風俗の仕事を始めた契機になっている。

舞さんは、路上でスカウトされたことをきっかけに性風俗の仕事を始め、様々な業種・業態を転々とする中で、次第に仕事がうまく行かなくなり、メンタルの不調に追い込まれている。

真紀子さんは、大学の学費を払うためにやむをえず始めた高級デリヘルの仕事で、店長と交際関係になり、束縛、監視、軟禁などの苛烈なＤＶを受け、メンタルに大きな傷を負った。破滅願望に悩まされ、短絡的に行動してしまう時期もあった。

不安に追われて冷静な判断ができない状態、誰にも頼れず孤立した状態では、目の前に現れた男性の実像を見定めることは難しい。自分のことを親身に考えてくれる相手ではなく、自分のことを利用・支配しようとする相手に吸引されてしまいがちだ。

## †自分を大事にする基準がわからない

前章でも分析した通り、他人から大事にされた経験をもたない人は、自分を大事にする基準がわからない。そして、どのような相手を大事にすればよいか、という基準もわからない。親から殴られて育ってきた人は、自分に暴力を振るう相手を「自分を大事にしてくれる人」と勘違いしてしまう。「支配する／される」という関係しか知らない人は、自分を支配しようとしてくる相手を「自分を大事にしてくれる人」と勘違いしてしまう。

そして夜の世界では、メンタルの不安定な女性が抱く「認められたい」「愛してほしい」「寂しさを埋めてほしい」という欲求を、ホストクラブやボーイズバー、メン地下（メンズ地下アイドル）に課金さえすれば、（一時的にではあるが）簡単に満たすことができる。

課金し続けなければ、自分が自分であることを維持できない状態に陥ってしまうと、お金を払えば優しくしてくれる人を「自分を大事にしてくれる人」と勘違いしてしまう。

その結果、支配的かつ暴力的な態度を取り、多額のお金を貢ぐように要求する男性にハマってしまい、自分を大事にしてくれる人たちとの関係をどんどん切ってしまうことになる。

性風俗の世界で生きる女性たちが、パートナーとの出会いによってこの世界を卒業するためには、自分を大事にしてくれる人と出会う必要がある。

しかし、自分を大事にしていないと、自分を大事にしてくれる人を見分ける力は身につかない。自分を大事にしないほうが稼げる世界、自分を大事にすることを誰も教えてくれない世界の中で、このジレンマをどう突破すればよいのだろうか。

### †出会いの前に、まず「やめる理由」を手に入れる

愛さんは、ホストに掛け縛りをされて心が折れ、担当に別れを切り出すタイミングで、パートナーの男性と出会っている。この男性との出会いにより、「尽くすよりも、尽くされる方が嬉しい」ということを知った。「いかに自分が、自分のことを大切にしてくれない相手にすがりついていたのか」ということにも気づいた。

「誰かのため」だけに生きることが苦しくなったタイミングで、「あなたのため」と言ってくれる相手に出会うことができれば、それが卒業のきっかけになる。「誰かのため」に性風俗の仕事を続けてきた女性にとっては、「あなたのため」と言ってくれるパートナー

の男性との出会いがあれば、自らの生き方や働き方を「自分のため」に切り替えることができるからだ。

ただし、出会いがあれば、それですぐに問題が解決するわけではない。自分の中で準備が整っていないと、そもそも「あなたのため」と言ってくれる相手に出会えないし、出会ったとしても気づかない。

まさに「卵が先か、鶏が先か」という状態だが、このジレンマを突破するための一つの方法として、さくらさんは、「次のことを考えるよりは、まず、やめどきだと感じた時にやめる、ということが大事」と語っている。まず「やめる理由」を手に入れることができた人たちがやめられているのでは、と分析している。

自分がもう少し成長してから、お金を貯めてから、良い相手に出会ってから、やめた後の準備を整えてから、と考えていると、いつまで経っても性風俗の世界から抜けられない。「まずやめる（決意をする）」「その後で、自分を変え、お金を貯め、出会いを探す」という順番の方が、リスクは伴うにせよ、現実的かつ合理的な方法なのかもしれない。自分の中でやめる理由ができれば、いつもと違う考え方や動き方をするようになり、そこではじめて、男性との出会いが生まれる、というわけだ。

## †パートナーの男性には、経済力も必須

愛さんは、パートナーの男性が精神的・経済的に支えてくれたため、そのまま性風俗の仕事をやめることができた。

さくらさんは、「お金を通しての愛」を与えてくれる男性と出会った後、お金に対するイメージが「汚いもの」から「お金で守れるものがある」に変わり、「私もそうなりたい」「私は私で行動しないと」と決意して、性風俗の仕事から抜け出すための貯金や、銀座のクラブでの仕事を始めた。

愛さんとさくらさんは、いずれも夜職一本で生活していたが、二人に共通するのは、パートナーとなる男性が、精神的な支援だけでなく、経済的な支援をしてくれた点だ。世間一般の常識では理解しがたいかもしれないが、夜の世界で生きている女性にとって、男性の評価は、「今、自分に必要なお金を与えてくれるかどうか」で決まる。夜職一本で生きている女性にとっては、お金の裏付けのない愛は、寝言に過ぎない。

男性がどれだけ優しい言葉や態度で接してくれても、自分のことを心から気遣ってくれたとしても、彼が「今、自分にお金を与えてくれる存在」でなければ、彼女たちの心は動かない。パートナーの男性には、女性への愛情に加えて、彼女が性風俗で働かなくてもい

いだけの経済的支援を継続的におこなえる経済力も求められる。

一方で、夜職一本ではない真紀子さんは、パートナーの男性から得られた支援として、経済的な支援よりも、励ましや自己肯定感を高めるコミュニケーションといった精神的な支援を挙げている。メンタルの不調で苦しんでいる夜職女子に対して、下心なしで無償の愛とお金を与えてくれる男性は、そう簡単には見つからない。

そう考えると、パートナーと出会うためには、まず「夜職一本にしない」ということが重要になるだろう。

## †揺れる心、残る未練

パートナーの男性と出会った後、性風俗の仕事を卒業した後も、それぞれの女性が、少なからず揺らぎや迷いを感じている。これは、前章で分析した目標を達成して卒業した女性たちとの大きな相違点である。

愛さんは、担当から離れる決意をした後も、半年程度、担当のお店に顔を出しており、新しい彼氏との間で揺れ動いていた。その背景には、ホストクラブという世界自体から離れたくない、という気持ちがあった。専業主婦として、夫と円満で平和な生活を送っている今も、ホスクラにも、性風俗に対しても、未練は残っているという。

さくらさんは、昼の仕事に戻ることを目指して銀座のクラブで働き始めたが、タクシー移動をやめることを含めて、金銭感覚を元に戻すことにかなり苦労している。専門学校で学びながら、金銭感覚を普通に戻したところで開業しよう、と考えていた矢先に妊娠が判明し、そのタイミングでパートナーと入籍しているので、金銭感覚を自力で元に戻すことができたのかどうかは、はっきりしていない。

舞さんは、性風俗で稼ぐことができなくなり、メンタルの不調が続く中で、パートナーとなる男性に出会った。妊活を始めて、ピルの服用をやめると同時に、性風俗の仕事もスパッとやめている。一方で、今後の生活の中で、専業主婦で貯金ができないこと、子どもの養育にお金がかかることを心配している。そうした中で、「実際に戻ることはないと思いますが」と付け加えたうえで、「育児が落ち着いたら、元の仕事に戻りたいという気持ちはあります」と本音を吐露《とろ》している。

真紀子さんは、大学卒業後も半年程度パパ活を続けていたが、現在の夫となる男性との出会いによって、パパとの関係を整理した。そうした中でも、「やり切った」という感覚はなく、「パパ活とはズレるかもしれませんが、性的なチャレンジはもう少しやってみたかった」と語っている。

パートナーとの出会いによって脱がずに生きることを実現するためには、ホストや性風俗の世界に身を置くことで得られる楽しさ・収入・自信を、パートナーと過ごすことで得られる安心感が上回る必要がある。パートナーとの生活で精神的・経済的・性的な満足感が得られないと、再び性風俗の世界に吸引されてしまう。

パートナーとの出会いによって夜職を卒業することは、女性にとって最も円満かつ幸せな卒業の形だと思われているが、厳密には「卒業」ではなく、「性風俗の仕事で埋めていた心の穴を、パートナーで埋めた」（他の依存対象に移行した）というだけのことかもしれない。

心の穴が埋まっていない＝精神的・経済的・性的な自立ができていないのであれば、パートナーの男性との関係が変化すれば、再び性風俗で心の穴を埋めざるを得なくなる。

## †「道場」としての性風俗

舞さんは、男性とのコミュニケーションに自信をもつことができていなかったが、性風俗の仕事をする中で、男性から「かわいい」「きれい」と褒められた経験が自信につながり、「私にとって風俗とは、「なくてはならないもの」です」「風俗で働けてよかった。自分自身が成長できた場所でした」と振り返っている。

真紀子さんは、パパ活で経営者の男性と出会い、「彼らの思考を身近で学ぶことができたのは、とても勉強になりました」「大学生同士のお付き合いとはまた違う経験をさせてもらいました」と振り返っている。

これまでの章でも、性風俗の仕事を通して、人間として、女性として成長することができた、という声は挙がっている。

自身の生と性で悩んでいる男女にとって、性風俗の世界が性愛に関するコミュニケーションの学びの場「道場」になっていることは、間違いない。出会いと労働の境界線が曖昧になっているがゆえに、多くの男女が惹きつけられる場になっている、と言える。

舞さんのように、「道場」で異性とのコミュニケーションスキルを身につけることができた結果、パートナーを見つけることができるようになった、というケースは少なくないはずだ。そして理解に苦しむ人もいるかもしれないが、結婚相手を見つけるため＝婚活として性風俗に通っている男性も少なくない。

性的同意やセクシュアル・ハラスメントの防止など、性愛をめぐるコミュニケーションに求められるスキルや配慮の水準が高まる一方で、それらを実践的に学べる場が極めて限られている現代社会の中で、性風俗の世界は、労働と道場の境界線を曖昧にすることで多くの人を吸引しているのかもしれない。

## †自己肯定感の低さは、パパ活や性風俗では回復しない

一方で、真紀子さんは、「性に向き合うことは、一人の人間が大人になっていくために必要な過程」と述べている反面、「自己肯定感の低さは、パパ活や風俗では回復しない」と分析している。個人事業主として仕事を受託し、パパ活や性風俗とは違う方法で高収入を稼げるようになったことが、自己肯定感のベースを根本的に高めるきっかけになっている。

そしてパートナーの男性からは、「上下関係のない、対等な人間関係」を学んだ。就活でも「もっと上の会社を狙えるよ」と励ましてもらい、実際に第一志望の会社に入ることができた。

学費の支払いのために性風俗やパパ活を選んだことについて、その選択によって学費の支払いを達成することができたということを踏まえても、「選択肢を全て検討せずに、短絡的に行動してしまった」と振り返っている。

性風俗やパパ活はあくまで「道場」であり、そこで学んだことや身につけた自信は、実際の人間関係や社会の中で活かしてこそ、本当の学びや自信になる。これらの世界で身につく自信が、あくまでかりそめのもの、一時的なカンフル剤やドーピングのようなものだ

とすれば、その効果が消えないうちに、昼の世界での人間関係の構築や就労に力を注ぐ、というスタンスが正解なのだろう。

また「道場」になりうる場は、もちろん性風俗やパパ活だけではない。性愛に関するコミュニケーションの学びの場、自身を成長させてくれる場所や機会は、人によって異なる。性風俗やパパ活しか「道場」になりえない社会、それら以外に成長の場がない社会は、決して健全とは言えないはずだ。

## †どのような環境に置かれていても、誰もがパートナーとの出会いを得られる社会

かつての遊郭では、女性が自由になるための唯一の方法は、馴染みの男性客からの「身請け」（遊女の借金と身代金を男性客が全て支払い、遊女の仕事をやめさせて身柄を引き受けること）であった。

令和の時代になっても、精神的・経済的に面倒を見てくれるパートナーの男性との出会いは、女性が性風俗からの卒業を実現するための最も確実な方法の一つであることは変わっていない。

「結局、男なのか」「女は男に依存しないと生きていけないのか」と思う方もいるかもしれない。性風俗の仕事をやめるためには、行政やＮＰＯの支援よりも、結局「男との出会

い」が効果的なのであれば、それは福祉の敗北である、という見方もあるだろう。

しかし、夜職女子に限らず、すべての人にとって、自己肯定感を上げるための最も効果的な方法が「自分のことを理解し、支えてくれるパートナーとの出会い」であることは、揺るぎのない事実だ。自己肯定感は、「一人では」高められない。そして、「ひとりでには」高まらない。他者の存在と、関係性の継続が必要になる。

信頼できるパートナーとの出会いによって、「支配／被支配」「搾取／被搾取」といったいびつな関係ではなく、お互いに対等な関係を構築することを学び、自己肯定感を高め合うことができれば、脱ぐ仕事をしなくても、他者とつながること、承認欲求を得ること、そして精神的にも経済的にも自立することが可能になる。

性風俗にも福祉にも、それだけで永続的に個人の自己肯定感を上げる力はない。一人の人間を丸ごと救うこともできない。どちらも「道場」であり、そこで得られるのは、全人格的なサポートではなく、あくまで一時的かつ部分的なサポートだけだ。

そう考えると、エンパワーメント（本人が本来持っている力を引き出し、自らの意思決定により自発的に行動できるようにすること）を通して、自分の力でパートナーを見つけること、パートナーと出会ったときに関係を構築できるスキルの獲得をサポートするところまでが、福祉の仕事だと言えるのではないだろうか。

誰もが自分と他人を偽りながら生きている夜職の世界で、自分のことを理解し、支えてくれるパートナーと出会うことは、藁の山の中から針を探すように難しいことである。しかし、本章で取り上げた四名の事例からわかるように、それは決して不可能なことではない。

女性が脱がずに生きることのできる社会とは、どのような環境に置かれていても、誰もが自分のことを理解し、支えてくれるパートナーとの出会いを得られる社会、そのためのスキルの獲得やコミュニティへの参加をサポートしてもらえる社会である。

## コラム3　不安になっていないと不安！

性風俗で働く女性たちにとってのアキレス腱は、二つある。
右足のアキレス腱は、これまでの章でも述べた「親」である。そして、左足のアキレス腱は「税金」だ。きちんと税金を納めていないことに対して、過剰な不安や恐怖心を抱いている女性が少なくない。「不安だったら、毎年きちんと確定申告をすればいいじゃないか」と思うかもしれないが、問題はそう簡単ではない。

彼女たちを襲う不安や恐怖の正体は、税金そのものというよりも、税金に象徴される「社会で生きていくうえでの責任」をきちんと果たしていないことへの罪悪感だ。その上に「その年代の社会人として当然知っているべき知識」を知らないことへのコンプレックスと「当然完了しているべき手続き」を怠っていることへの不安感が積み重なる。その結果、税金が恐ろしいモンスターのように見えてしまい、身動きが取れなくなる。

「確定申告をしたら、親・会社・役所に風俗勤務がバレてしまう」「これまでの無申告がバレて、警察に逮捕される」「莫大な金額の追徴課税を課されて、人生が終わってしまう」といった誤った情報を信じて、ひたすら「逃げる」コマンド一択を繰り返してしまう。

実際は、確定申告は税理士に依頼すれば、わずか数万円から十数万円程度の費用で完了することができる。親や会社に風俗勤務がバレることもなければ、警察に逮捕されることもないし、人生が終わることもない。勇気を出して「戦う」コマンドを選べば、簡単に倒せる相手だ。

性風俗で働く女性たちの中には、まだ何も起こっていないことや、起こる確率が極めて低いことを過剰に気にして身動きが取れなくなる人が少なくないが、その背景には「不安になっていないと不安」という矛盾したマインドセットがある。

ずっとモンスターだらけの環境で生きてきた人は、周りにモンスターがいないと、逆に不安になる。そして、自らモンスターを作り出してしまう。夜の世界には、自ら作り出したモンスターに追われて生きることに慣れてしまっている人、そしてそれを「安心」と勘違いしている人があまりにも多い。

自ら生み出したモンスターに追われ続ける生活から脱出するためには、モンスターがいなくても、というよりも、いないからこそ、安心して生活できるということを自覚し、モンスターのいない世界に慣れる必要がある。戦うための武器や防具、ダメージを回復するアイテムの調達にお金をかけずに済むようになり、高収入の仕事を無理に探さなくてもよくなる。

脱がずに生きるためには、「不安になっていないと不安」という状態から脱するために、「安心に耐える」訓練が必要になるのかもしれない。

第四章

# 誰もが「脱がずに生きる」ことのできる社会とは

## 1　あえて違う世界で生きていくしかない環境に自分を追い込んだ

### †ないものは仕方ない

エリカさん（仮名・三十代後半）は、大学二年生のときに店舗型ヘルスで働き始めた。

幼少期に親の離婚や生活困窮を経験し、大学入学後は親からの援助は一切なく、自身で学費や生活費を稼がなければならなかった。塾の講師、スポーツ教室の先生、居酒屋のスタッフ、販売員など、常に四つから五つのアルバイトをかけもちしていた。社会的な活動にも関心があり、ボランティア活動もおこなうなど、多忙な生活を送っていた。

限られた時間の中で、割のいい仕事をしないと、必要な収入も得られないし、社会的な活動も続けられない。そんなときに「性風俗の仕事で稼ぐ」という選択肢が浮かんだ。

高校時代、たまたま街頭で出会いカフェのポケットティッシュをもらい、「こういう世界があるんだ」ということを知った。十八歳になってから水商売で働いたり、チャットレディの仕事をしたこともあったが、思うように稼げなかった。

そこで、性風俗の仕事をする決意を固め、自分で求人情報を収集・精査した。最終的に、通いやすい場所（駅前）にあり、移動や待機の時間が発生せず、客の回転率が良い＝効率的に稼げそうな箱ヘルを選び、入店した。

「最初に入店した箱ヘルでは、半年程度働きました。駅のすぐ近くにあり、男性が飲んだ後にフラッと入るようなお店だったので、出勤すれば稼げる、という状態でした」

心臓バクバクで初めて足を踏み入れた性風俗の世界だったが、「思ったよりも危なくないんだな」「堕《お》ちたというほどではないのかも」と感じた。

「半日の出勤で、お客さんは七人くらいつきました。一人あたりの利用時間は四十五分、短いと三十分程度で、インターバル（休憩時間）なしでどんどん接客していく、というスタイルです。

当時は、きょうだいの学費も私が払っていて、恒常的に出費があったので、お金はあればあるほどよい、という状況でした」

大学生活を送るために必要な収入を得るため、そして自分のやりたいことを続けるための手段として、戦略的に性風俗で働くことを選んだエリカさんだが、家庭環境に恵まれなかったことについては、「ないものは仕方がない。文句を言っていても、それでお金が増えるわけではない。そのおかげで頑張ることができました」と冷静に捉えている。

「結局、大学生は就活をしないといけない。就活の場面では、親からの支援がないことや、恵まれない家庭環境で育ったことは考慮されないので、他の人たちと同じ土俵で戦うためには、学業成績とガクチカ（学生時代に力を入れたこと）の経験を確保しておかないと勝ち目がない、ということは最初から分かっていました。つまり、お金と時間ですね」

性風俗の仕事をしていることについては、特に周囲に隠してはいなかったが、オープンにもしていなかった。

「風俗以外にも、他の仕事や活動を山程やっていたので、別に突っ込んで聞かれるようなことはありませんでしたし、自分から話すこともありませんでした」

箱ヘルの仕事ではそれなりに稼ぐことができたが、駅前という立地上、酔っ払いや新規の客が多く、次第に「自分の時間を切り売りしているだけで、何の学びにも繋がらないな」と感じるようになった。そこで、働く先をソープに変更することにした。ステップアップのつもりだったという。

ソープの店を選ぶ際にも、エリカさんはスカウトは使わず、自分の手で情報を集めて、自分の目的に最も合った店を選び出した。

## †戦略的にステップアップ

「お店を選んだ基準は、ゴム付きの店の中で一番稼げて、客層が良く、お仕事系（疑似恋愛を売りにするのではなく、技術を売りにする）であることです。技術を身に付けたほうが、風俗嬢として上に行けるし、自分の心身の負担も軽くなると思ったので。

私が働いた地域のソープ街には、高級店・中級店・大衆店の区分があって、高級店はほとんど生（コンドームを使わないサービス）をしていました。生のサービスはリスクが高いので、中級店で単価が高いところを選びました。

そのお店は、めちゃくちゃ働きやすかったです。老舗で客層も良く、十数年働いているお姉さんも多かったと思います。

個室待機のお店だったのですが、お母さんのような女性スタッフの人がいて、女の子たちに「今日は何が食べたい？」と聞いて、料理を作ってくれるんですよ。食べる時間と作る時間、そして食費を浮かせて働くことができました。

まかないを食べながら、女の子たちとはそんなに多くのことを話すわけではないけれど、みんな事情があって働いている人たちなので、言わなくても通じるものがありました。家族のような場所でしたね」

ソープで一日出勤して四、五名接客すれば、十万円程度の収入を得ることができた。週二回の出勤で、月収は八十万円を超えた。

「ソープで得た収入は、学費以外では、美容や旅行などにも使いましたが、就活や短期留学の費用に充てました。私は地方在住だったので、就活で首都圏に行く場合、往復の交通費や滞在費で、結構なお金が必要になりました。それに加えて、資格取得のためのダブルスクールや運転免許の取得費用などもあって、トータルで百万円ほどはかかったと思います。そうした費用が発生することも事前に見越して、動いていました」

ソープの仕事は、それまでやった仕事の中で一番性に合っていた、とエリカさんは振り返る。

「ちゃんと稼ごうと思ったら、それなりの努力や工夫が必要ですが、欠勤や遅刻をせずにきちんと出勤できれば、ある程度は稼げる。きちんと出勤して真面目に働けることが自分のアドバンテージかなとは思っていました」

当時はSNSでの発信・集客がそれほど普及しておらず、女性個人がおこなう集客は、写メ日記（ブログ）がメインだった。エリカさんの在籍していた店は、店自体にたくさんの固定客がついていたこともあり、そもそも写メ日記を頻繁に更新しなくても良かった。

「その頃はまだスマホも普及していなかったので、接客の合間に、手書きのノートにお客さんの情報を書き込んでいました。接客中に話したこと、次に来てくれたときにどうするか……など。しばらくしたら、新規よりもリピートのお客さんで枠が埋まるようになりました」

## †内定をもらい、後ろ髪を引かれる思いでやめる

ソープの仕事はトータルで一年半ほど続けて、内定をもらった時点でやめた。

「内定取り消しとかは怖いので、就職が決まったらやめようと思っていました。風俗の世界は自分の居場所でありアイデンティティだったので、本当はやめたくなかったのですが。就職先が副業ＯＫであれば、続けたかったです」

内定が決まり、後ろ髪を引かれる思いでソープの仕事をやめた後は、クラブで働いた。収入は大幅に下がったが、時給四、五千円で、アフターもなく、働きやすい環境だった。

「私はお酒が飲めず、大人数で話すのは苦手だったので、水商売に向いていないのは分かっていたのですが、選んだお店はとても良いお店で、ママやボーイなど、周囲の人からも支えてもらうことができました」

これまでのインタビューでも、性風俗の仕事をやめた後に、次の仕事に移行するための

つなぎとして、クラブ等の水商売の仕事を選ぶ女性はいた。水商売の仕事は、一般の仕事に比べれば時給も高く、働き方も融通が利くが、性風俗に比べれば、収入は大幅にダウンすることは否めない。金銭感覚の変化で困ったことはなかったのだろうか。

「困ったことは、確かにありました。クラブの仕事でも、衣装やヘアメイク、お客様へのプレゼントなど、色々と出費はありますし。ただ、せっかく第一志望の内定をもらえたのに、それが無くなるリスクを負ってまで、もう一度性風俗の仕事をやるのは違うかな、と。あと、できるだけ普通の社会に慣れておきたかった」

大学卒業前にクラブの仕事はやめて、内定先の大企業に就職した。在学中に借りた数百万円の奨学金は、ソープで貯めたお金を使って、卒業と同時に全額を一括で返済した。就職して以降、現在に至るまで、性風俗の仕事はしていない。

## †自分のメンタルと折り合いをつける

「大学を卒業する年齢は二十代の前半なので、この年齢であれば、風俗で働いていたほうが稼げるのにな……と思うときはありました。でも長い目で見れば、就きたかった仕事でちゃんと働いている方が良いに決まっているので、こっちで頑張ろうと思いました。

風俗への未練や葛藤はずっとありましたよ。当時はAV女優がアイドル化していた時代で、友達とかもいたので、自分もAVに出ようとしたことはあったんですよね。でも、半年契約と言われて……。やっぱり正社員の終身雇用には劣るから、迷った末に断りました」


客観的に見ると、エリカさんは、戦略的に性風俗の仕事を選び、計画的に目標の金額を稼ぎ、スムーズに卒業しているように見える。働いている最中、メンタルが不安定になるときはなかったのだろうか？


「今思えば、メンタルはずっと不安定でした。不安定になるような仕事をしているわけなので……。

ただ、高校生の時に、地元の図書館にあった精神医学や心理学の本を全部読んだことがあって、どうして自分がそのような状況になるのかとか、一応なんとなく分かっていたので、メンタルが不安定になっても、まぁそんなもんだろう、と思っていました。

本に書いてあることを自分自身で体現している感じが楽しかった……というわけではな

いですが、貴重な経験でした。他の人が経験していないことを、私は経験している。他の人が知らないことを知っている。そうしたところで自分を保っていたのかもしれません」

性風俗の世界で働いたことによって、社会的に孤立している人たちや、社会の闇を生きる人の背景が想像できるようになった。

「就職してみたら、周りにはそういうことがわかる人が誰もいない気がした。そもそも住んでいる世界や育った環境、見ている景色が全く違うので、想像すらできない。仕事や一般社会がつまらないし、みんな何も知らないことに内心憤りも感じました。

でも、いくら現実を知っているからといって、わざわざ自分の経歴を明かすメリットもないし、仕事の枠を超えてまで、そうした人たちの人生に深く関わることはないですからね」

### †社会とつながるポイント

性風俗の世界からスムーズに卒業し、社会とつながるためのヒントとして、エリカさんは次の三つのポイントを挙げている。

❶良い店を選ぶ
❷目標をもつ
❸専業にしない

「良い店は、面接に行って話をすれば分かります。ネットで調べれば、価格帯や客層、店の特色はだいたいわかるので、後は面接で詳しい話を聞く。自分に合う店を見つけるのが大事です。就活の自己分析・企業分析と一緒。

目標については、そんなにだいそれたものでなく、最初は「来月、何のために、いくら稼ぐ」といったもので良いと思います。結果が目に見えやすい仕事なので、それを目標にして、まずは頑張る。

短期的に見れば専業が一番稼げますが、長くは続かない。この世界で五年、十年と売れ続けていくのは大変です。余程の覚悟や才能がなければ、他の仕事とかけもちをして、収入の柱を複数持っておく方がいいと思います」

エリカさんとしては、性風俗で働くことが一概に悪いとは考えていないし、性風俗の世界に足を踏み入れないことが良いことである、とも考えていない。

「私は自分がやりたいことを実現するための手段として風俗の仕事をしていましたが、結局それ以上のものを得ることができました。風俗で働いたからこそ今がある、と思いますし。風俗には感謝しています。

ただ、それは風俗で働く人たち全員に共通することではないし、みんながみんなそのように思考・行動しなければいけない、ということでもないと思う。

私は好きで働いていたけれど、色々な理由や事情で、そこで働くしかない人がいるのも見てきた。そうした人たちの存在がきちんと社会的に可視化されないのは、どうなんでしょうね。就活だって、貧乏学生は風俗で稼いでおかなきゃいけないって、前提としておかしくないですか?」

これまでのインタビューでは、性風俗で働くことで自己肯定感が上がった、という声も多く聞かれた。エリカさんの場合はどうだったのだろうか。

## †いびつな自己肯定感

「自己肯定感は上がりました。お客さんから褒められるし、お金で評価してもらえるし、お店の温かい環境の中で、今まで経験したことのない人とのつながりを得ることができ、とても幸せでした。社長から、人生で初めてお年玉をもらったときは感動しましたね。

接客で辛いことがあったり、働いていること自体の罪悪感や劣等感で不安定になることはあったけれども、風俗の仕事内容自体は、自己肯定感を高めてくれるものでした。

ただ、風俗じゃないと自己肯定感が上がらない、ということは、それまでの自己肯定感がそれだけ低かった、ということですよね。風俗という特殊な世界で働くことで獲得した自己肯定感は、一般社会で通用するものではないような気がします。

風俗で働くこと自体が関係嗜癖、一種の依存だとすれば、そこで獲得した自己肯定感は、いびつなものにならざるをえない。社会に出ていくためには、また違った類の自己肯定感が必要なのではないでしょうか」

当事者であった経験を客観視して、冷静に分析しているエリカさんだが、そのように語ることができるようになるまでには、一定の時間がかかったという。

「私も最初は、当事者であったことに振り回されていた部分があったと思います。他の人が経験していないことを、私は当事者として経験している。他の人が知らないことを知っている。当事者であった自分であれば、他の当事者の気持ちがわかるはず。自分は当事者としての経験がない人たちとは違う……といった具合に。

こうした思いは、社会に出て働いていく中で、少しずつ変化していきました。当事者性は、役に立つものでもなければ、振りかざすものでもない。そう気づいたのは、風俗の仕事をやめてかなり時間が経ってからでした。昔から、哲学とか色々考えるのが好きな自分でもそうだったので、多くの人は、すぐに自らの当事者性を客観視することは難しいのではないでしょうか」

性風俗の仕事をやめたとしても、当事者だったという事実、そして働いていたときの記憶や経験に振り回されているうちは、性風俗を完全に卒業したとは言えないだろう。

性風俗の世界で働いていた当事者であったということ以外に、自らのアイデンティティにできるものがない、他者や社会とコミュニケーションを取れる回路がない、という状況は、非常に息苦しいのではないだろうか。当事者性を振りかざすこと、当事者性を武器にして誰かや何かを殴ることでしか自己肯定感を得られない、という状況は、お世辞にも健全とは言えない。

自らの当事者性を客観視できるようになるためには、どのような条件が必要になるのだろうか。

「時間と経験でしょうか。私の場合、あえて違う世界で生きていくしかない環境に自分を追い込んだこともあって、その世界で揉まれていく中で気づいて、学んでいくことができたと思います」

## 2 「性風俗とは何か」という問いに答える

### †性風俗の仕事から卒業するためのベストシナリオ

エリカさんの事例には、これまでの章で分析してきたエッセンスが詰まっている。個人差はあるが、性風俗の仕事で最も稼げる年齢は、平均すると十八歳から二十二歳の間である。

図7　相談者の年齢（単位：件）

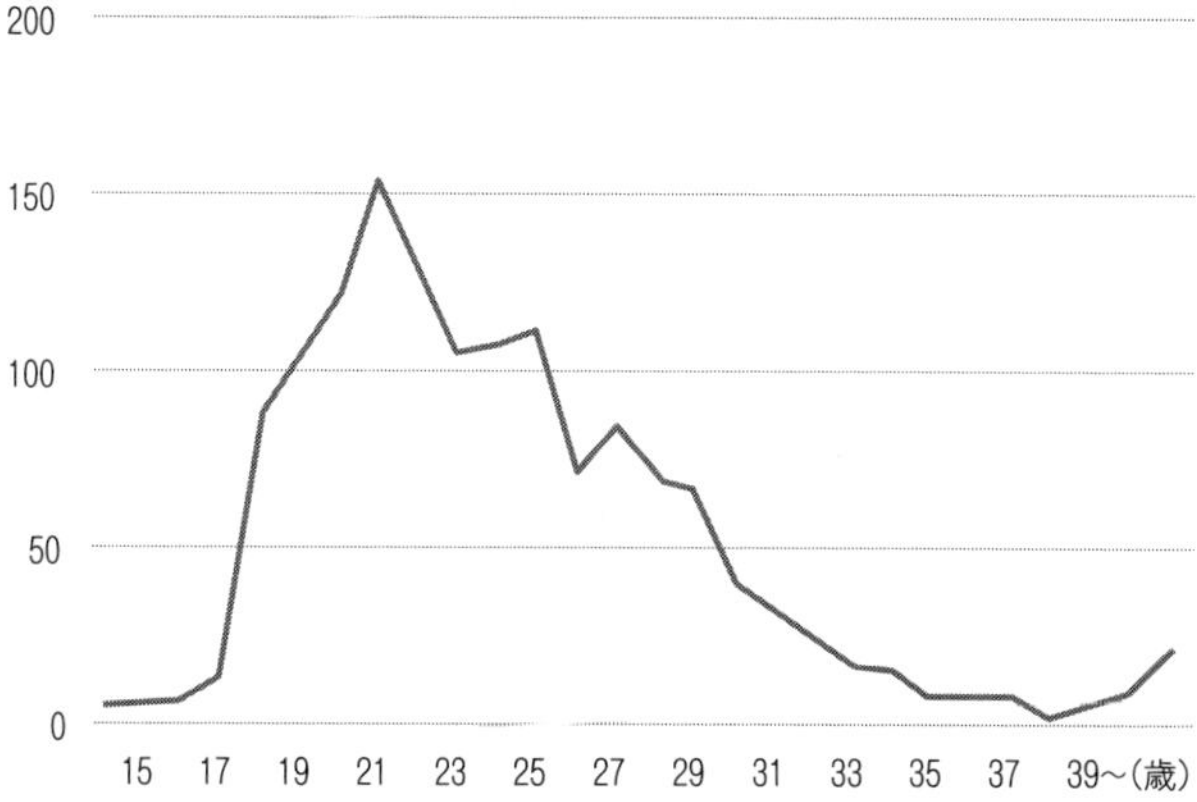


第二章の分析でも確認した通り、二〇二三年のアウトリーチ事業では、相談者の年齢で一番多かったのは二十一歳。この年齢の前後が、最も性風俗の仕事で稼げる時期であり、従事者数も多いと推定される。（図7）

この期間に、移動や待機の時間がかからず、ネットで集客する手間のかからない繁華街にある店舗型で効率的に働いて高収入を稼ぎ、社会に出るタイミングできっぱりとやめる。性風俗の仕事をすることで得られる利益の最大化、そして働くリスクの最小化を実現するためには、これがベストなシナリオになるだろう。

ただ、性風俗の仕事を卒業することの難しさは、「年齢的に最も風俗で稼げる時期（二十一歳前後）」と「卒業や就職で、社会的に最も風俗をやめやすい時期（二十二歳前後）」がほぼ重なっている点にある。エリカさんも、「就職先が副業OKであれば、続けたかった」と語っている。

性風俗の世界からスムーズに卒業し、社会とつながるためのヒントとして、エリカさんが挙げている三つのポイントである「良い店を選ぶ」「目標をもつ」「専業にしない」は、これまでの章で得られた分析の結果とも合致する。

「良い店」とは、自分の性格や生活スタイルに合った働き方ができて、かつ稼げる店である。「良い店」を選ぶことができた緑さん（二章一節）、渚さん（二章四節）は、いずれも短期間（約二年）でやめることができている。

スカウトの紹介で店を選んだ舞さん（三章三節）、消去法で地元のピンサロを選んだレイコさん（二章二節）は、いずれも従事期間が約八年と、長期化している。あやめさん（一章四節）は自分で働く店を選んでいるが、客層の悪さという問題にぶつかり、他の業種や地域に移行した結果、従事期間が長期化（約六年）している。

デリヘルなどの無店舗型の勤務歴が入ると、従事期間が伸びる点も見逃せない。デリヘルを専業にしていた佳菜子さん（一章一節）は約十二年、みかこさん（一章三節）は約十年と、店舗型で働いていた女性たちに比べて、大幅に従事期間が伸びている。

在籍できる女性の人数（部屋の数）に限りのある店舗型と異なり、無店舗型には在籍人数の上限がなく、勤怠についても、店舗型ほど厳しくはない。メンタルの調子に合わせて柔軟な働き方ができるため、「良い店」に出会うことで、逆に従事期間が伸びる可能性はある。性風俗から卒業するためには、デリヘルを専業にしないほうがよい、ということは確実に言えるだろう。

### †「性風俗とは何か」という問いに答える

良い店を選ぶ。目標をもつ。専業にはしない。性風俗の仕事をする上で、こうしたポイントを守ることのできる人は、決して多数派ではない。「それができれば苦労しないよ」「できるのであれば、とっくにやっている」と苦笑する当事者も多いだろう。

自分の判断で選べない。決められない。目標を持てない。一つの店（職場）に長く留まれない。こうした事情や特性のある人に対して、正論をぶつけても意味がない。同様に「自己責任」の名の下に放置すればいいというわけでもない。自助努力だけで現状を打開することが難しい状況に追い込まれた人たちに必要なのは、社会的な支援である。

本書の冒頭で述べた通り、性風俗の仕事をしている女性たちに対して実効性のある支援を設計するためには、「性風俗とは何か」という問いに答える必要がある。

性風俗の実像を正確に捉えずに、特定のイデオロギーや固定観念だけに基づいて「性風俗とはこういうものだ」と決めつけてしまうと、当事者とうまくつながることができなくなり、社会的な支援の輪を広げることも困難になる。

以下、これまでの分析を基にして、「性風俗とは何か」という問いへの答えを出したい。

性風俗とは何か。結論から述べると、「あらゆる境界線を曖昧にすることで、短期的な利益の最大化を追求する仕組み」である。

性風俗がれっきとした「労働」なのか、一攫千金を狙える「投機」なのか、守るべき「文化」なのか、許しがたい「搾取」なのか、はたまた人為的にコントロールすることの難しい「現象」なのか、議論が分かれる部分であるため、ここでは「仕組み」というニュートラルな表現を用いることとする。

性風俗は、道徳や倫理よりも、安心や安全よりも、過去や未来よりも、何よりも「今日の収入」が優先される世界である。「今だけ、金だけ、自分だけ」を地で行く世界だ。社会のルールやマナー、常識に従っていては、短期的な利益の最大化はできない。境界線の内側にいる限りは、大きなリターンは得られない。

一方で、境界線を踏み越えることは、当然だが大きなリスクを伴う。法に触れる行為をして身柄を拘束されてしまえば、それ以上利益を出すことはできない。

そのため、境界線を踏み越えるのではなく、「曖昧にする」という手法が使われる。

労働者性を曖昧にすることで、衛生観念を曖昧にすることで、倫理観や遵法意識を曖昧にすることで、自他の境界線を曖昧にすることで、利益を最大化する。

グレーゾーンを作り出すこと、もしくは自らを灰色の存在にすることで、白の世界（表社会）では得られない利益を、黒の世界（裏社会）よりは安全な方法で稼ぐことができる、というわけだ。

## †境界線を曖昧にすることで生じるリスク

あらゆる境界線を曖昧にすることは、境界線を踏み越えることに比べれば、確かにリスクは少ない。一方で、境界線が曖昧になった灰色の世界で過ごす時間が長くなればなるほど、そこから卒業することは難しくなる。

そして、自他の境界線を曖昧にすると、人は病む。不特定多数の相手と性体験を重ねることによって、自分の身体が誰のものなのか分からなくなり、自分が何者なのかわからない不安、そして他者への不信に苛まれるようになる。不安と不信をベースにした生き方は、コストがかかる。自他の境界線を曖昧にすればするほど、性風俗の収入は増えるかもしれないが、その分、メンタルが不安定になり、ホストへの依存など、お金のかかる生き方にならざるをえない。

労働者性を曖昧にすればするほど、目先の収入は増えるかもしれないが、そこで培ったスキルは、これまでのインタビューの中で多くの女性たちが語っていたように、昼の世界の仕事では、ほとんど通用しない。

## †短期的な利益の最大化のみを追求するリスク

性風俗を含めた夜職の世界は、短期的な利益を最大化するために組み立てられた世界である。そのため「さっさと稼いで、とっとと抜け出す」ことが最も賢明である、とされてきた。そこには「夜の世界は、昼の世界とは違うルールで動いている」「それゆえに稼げるのだから、稼げないのであれば、とっととやめればいい」という世界観が前提にあった。

しかし、この二十年間で「稼げるか否かに関わらず、夜職でしか働けない人たち」の存在が目立つようになった。一九九〇年代後半に無店舗型（デリヘル）の営業が合法になり、店舗数が爆発的に増加した。インターネットで気軽に店舗の情報を閲覧できるようになり、求人にも応募できる環境になった結果、性風俗の仕事に参入するハードルは大幅に下がった。

「境界線を曖昧にして稼ぐ」＝積極的選択として性風俗の仕事を選ぶ人だけでなく、「境界線を曖昧にすることで、どうにか生き延びる」＝消極的選択として性風俗の仕事を選ぶ人が増えた。その結果、昼職への移行ができないまま、五年、十年、二十年と、長期にわたって働き続ける女性たちも増えている。

どれだけ従事期間の長期化が進んだとしても、性風俗の世界が短期的な利益を最大化するために組み立てられた世界である、という本質は全く変わっていない。

長期的に働くことが前提にされていない世界で、長期的に働き続けなければいけない人が増えている。こうした状況下で、「自己責任」の名の下に、現場で起こっている問題を放置・黙認することは、百害あって一利なしだろう。

## 3　境界線と向き合って生きる

### †「脱がずに生きる」ために必要な社会的支援

性風俗が「あらゆる境界線を曖昧にすることで、短期的な利益の最大化を追求する仕組み」であるとすると、「脱がずに生きる」ために必要な社会的支援のあり方は、以下のように三つの段階を踏んでいくことになる。

## 第一段階　境界線を明確にする

最もシンプルな方法は、「境界線を明確にすること」である。法規制によって境界線を明確にし、それを踏み越えた者を処罰することだ。

二〇二三年にホストの売掛をめぐるトラブルが社会問題化した際には、ホストクラブの売掛を規制すべきという議論が出た。売春をする女性側だけでなく、買う側の男性を処罰しろ、という意見は、昔から根強く残っている。

確かに、「境界線を明確にすること」が有効な場合はある。児童買春・児童ポルノ禁止法のように、心身の発育と判断能力が十分でない未成年に買春をもちかける行為や、児童ポルノの頒布・販売・製造を禁止し、違反者に厳罰を科す法律は重要である。

しかし、法改正や法規制によって「境界線を明確にすること」には、二つの難点がある。

一つ目は、境界線を明確にする行為自体が、また別の境界線を生む、という点だ。売春＝性交を法律で禁止しても、性交類似行為をおこなう性風俗店が増える。店舗型の性風俗店を浄化しても、無店舗型の性風俗店が増える。未成年が性風俗店で働くことを禁止しても、未成年の女子高生にきわどい接客をさせるＪＫビジネスが増える。ＪＫビジネスを条例で規制しても、十八歳以上の女性が制服を着て接客する「ＪＫビジネス類似行為」をおこなう店舗が増える……といった具合に。

そもそも売春は密室でおこなわれる行為なので、仮に法律や条例で規制したとしても、取り締まりや監視は難しい。個人間の売春に罰則規定がないのも、現実的に取り締まりようがないからである。勘違いされやすいが、決して国家権力や家父長制によって売買春が黙認されているわけではない。現実的に取り締まりようがないから放置されているだけだ。売る側と買う側、双方に合意があれば、明確な被害者は存在しない。新たに罰則規定を作ったところで、有名無実化し、法律の信頼性を損ねるだけになる可能性が高い。

二つ目は、「当事者の声が反映されない」という点だ。法改正のための世論を形成するためには、当事者の声が必須である。しかし、性風俗の世界は、当事者と非当事者の境界線が曖昧になっている世界である。当事者意識を持っている人は少なく、法改正のために当事者として発信する人はさらに少ない。そうした中で、「被害者の声」だけがクローズアップされ、「被害者救済」という視点からの法改正になってしまいがちだ。

もちろん、被害者の救済が重要であることは言うまでもないが、性風俗の世界は、被害者と労働者の境界線を曖昧にすることで利益を生む世界である。

二〇二三年にホストクラブの売掛問題がメディアで取り上げられた際、「ホストクラブで遊んだ結果、無銭飲食を繰り返して借金を作った女性を、公的に支援する必要があるのか」という声が沸き起こった。

夜職の世界では、世間の共感を呼びやすい「わかりやすい被害者」は少なく、世間の共感を呼びにくい「わかりにくい被害者」が多くなりがちだ。当事者が声を上げない、仮に声を上げても社会の理解や共感を集められない、となると、法規制によって「脱がずに生きる」ために必要な社会的支援を実現する、ということは、現実的には難しいだろう。

労働者性についても、同じことが言える。性風俗の仕事を「労働」とみなし、従事する女性たちを「労働者」とすれば、問題は解決するのだろうか？

答えは、明確に「ＮＯ」である。性風俗の仕事は、労働者性を曖昧にすることで利益を生み出す仕組みなので、労働者性が確立された場合、税金や社会保険の負担が増え、「大変だけど、たいして稼げない仕事」になるだけだ。そして労働者としてのルールを守れない女性は、働くことすらできずに排除されてしまう。

ソープランドで働く女性を雇用契約に切り替えた場合、管理売春で店舗が摘発されることになる。女性を従業員（雇用契約）ではなく取引先（業務委託契約）にして、労働者性を曖昧にしているからこそ、女性の仕事場や収入を守ることができている、という逆説がある。

どんな法律にも、必ずグレーゾーンは生じる。性風俗が法律のグレーゾーンから生み出され、グレーゾーンを養分にして育つ存在であり、グレーゾーンでしか生きていけない女性たちが集う場所であるならば、法規制によって「境界線を明確にすること」は、彼女たちが「脱がずに生きる」ための社会的支援にはなりえない。

### 第二段階　境界線を引き直す

「境界線を明確にすること」よりも効果的な方法は、「境界線を引き直すこと」である。境界線の引き方、境界線の存在自体を見直し、その柔軟性や包摂性を高めることで、境界線によって排除されてしまう人を減らすことだ。

働くことに悩みを抱えている人に対して、無料で就労支援をおこなう厚生労働省委託の支援機関「地域若者サポートステーション」（通称サポステ）は、現在十五歳から四十九歳までの人を「若者」と定義して、就労支援を行っている。「若者」というと、かつては十代から二十代前半が想定されていたが、時代の変化に伴い、三十代も「若者」に含まれるようになり、現在では四十九歳までが「若者」になっている。十五歳と四十九歳では、悩みの質や抱えている問題は全く異なるが、まずサポステの支援につながることができれば、そこから他の窓口や社会資源につなげることができる。

「困っている人」の定義や範囲を広げ、合理的配慮に基づいた境界線の引き直しをおこなうことで、孤立や困窮から抜け出せるようになる人は、まだまだたくさんいる。

電話でしか相談できなかった窓口を、ＳＮＳやメールでも受け付けられるようにする。

生活保護の扶養照会をなくし、親族に知られずに支援を受けられるようにする。申請書の性別欄をなくす。相談員のジェンダーバランスを変える。発達障害や軽度知的障害、精神疾患の特性のある人でも、きちんと申請をおこなうことのできる仕組みを作る。

こうした小さな改善や配慮の積み重ねをおこないながら、支援の境界線の引き直しを行っていくことを通して、性風俗の世界で働いている人たちが気軽に相談できる仕組み、不安を解消できる仕組みを作っていけば、彼女たちが脱がずに生きることを社会的に支えていくことができるはずだ。

### 第三段階　誰もが境界線と向き合って生きられる仕組みを作る

境界線を引き直すことで、救われる人は大勢いる。一方で、どれだけ境界線を引き直しても、境界線そのものを無くすことはできない。境界線が曖昧な世界に一時的に避難することはできても、この社会の中で生きている限り、いつか必ず、境界線と向き合わなければならないときが来る。

個人が社会の中で自立して生きていくうえで、必ず引かなければならないのは、自分と他人の境界線である。性風俗の世界は、自分と他人の境界線を曖昧にすることによって利益を出す世界であるが、そこから抜け出すためには、自分と他人との間に、はっきりと境界線を引く必要がある。

境界線を引くためには、まず自分の感情を自覚し、言語化することが必要になる。自分の感情を自覚できないと、自分の心と身体が悲鳴を上げていることに気づけない。同じ場所をぐるぐる回り続けて心身をすり減らし、燃え尽きてしまう。

一方で、自分の感情を自覚することは、大きな恐怖を伴う。自分の弱さ、醜さ、至らなさを自覚してしまったら、自我やプライドが壊れてしまう。家族や恋人・パートナーへの感情を自覚したら、これまでの関係性が壊れてしまう。

そうした恐怖を乗り越えて、「自分は自分、他人は他人」という意識を明確に持ち、自分の感情と他人の感情を混同せずに生きていく覚悟を決めることができれば、それが自立の第一歩になる。自他の境界線を引かない限り、私たちは何者にもなれないし、誰ともつながれない。

自分の感情を自覚することができたら、次は自分の置かれている現状（社会的立場）を自覚することが必要になる。感情の自覚と同様、現状の自覚も、大きな恐怖が伴う。

## †lonely（孤独）だけど、alone（一人ぼっち）ではない

一人の人間が境界線と向き合って生きること、つまり自分の感情と現状をきちんと自覚

した上で、社会の中での自分のポジション（居場所・役割・出番）を確保するためには、自助・共助・公助のすべてが必要になる。

性風俗は、自助だけでは生活やメンタルを維持できず、公助にも頼れない人たちが集い、様々な境界線を曖昧にすることで生きる糧を得る「いびつな共助」の世界だと言える。

こうした性風俗の存在を公認することはできないが、否認をしてもなくならないし、黙認＝見て見ぬふりをしたところで、現場の不幸や被害は永遠に消えない。

性風俗の存在を容認し、社会的に孤立・困窮している女性たちにとっての一時的な居場所、避難場所として機能していることを認め、彼女たちが自分の感情と現状をきちんと自覚できるように応援（エンパワーメント）し、利用可能な社会資源や公助へのつなぎ直しをおこないながら、彼女たちが次の居場所・役割・出番を見つけられるまで伴走する、というサイクルを構築することができれば、困窮していても性風俗に頼らずに生きられる社会を実現することができるはずだ。

境界線を引くことは、自分と他人が根本的に違う存在であること、わかりあえない存在であることをはっきりさせることだ。どれだけ身体を重ねても、お金を払っても、言葉を交わしても、心を通わせ合っても、あなたと私は別の存在であり、決して一つにはなれない。境界線を引くということは、諦めること。諦めるの語源は、「明らかにする」ことだ。

自分と他人が決してわかりあえない存在であることを明らかにするのは、とても辛いことかもしれない。それでも、「わかりあえない存在であることを、わかりあう」ことは、自分や相手の感情から目を背けて「わかりあえているふり」をすることよりも、はるかに尊いことではないだろうか。

人は、お互いに違う存在だからこそ、つながることの大切さを知り、手を取り合って生きることができる。孤独を受け入れ、覚悟を決めて、前に進むことができる。

まとめよう。「脱がずに生きる」ことのできる社会とは、誰もが自分の感情と現状を自覚し、「lonely（孤独）だけれども、alone（一人ぼっち）ではない」と感じることのできる社会である。

We are lonely, but not alone!

# おわりに

## †本人が自覚していない強みを引き出す

二〇二四年の夏、NPO法人風テラスでは、夜職女性のための履歴書作成支援サービスを試験的に開始した。利用対象は、夜職から昼職への移行を考えているが、履歴書の空白をどう埋めればよいかわからずに悩んでいる女性たちだ。

オンラインで六十分間、キャリアコンサルタントの相談員が女性の話を聴き、履歴書作成に関する不安や疑問を解消する。その上で、本人が普段の生活や仕事の中で無意識のうちに発揮している強みを引き出し、自己PR文としてまとめる、という内容だ。

開始当初は、「夜職一本で長年働いてきた女性たちに対して、本当に、昼職に通用する強みを見つけ出す手伝いをすることができるのだろうか」という心配があった。

しかし、こうした懸念は、記録係としてモニターの面談に同席し、キャリアコンサルタントの相談員と相談者の女性のやり取りを聞いている中で、次第に氷解していった。

どの女性も、面談開始直後は自信がなく、不安そうな声色で「風俗で働いていたことを、どうやって隠せばいいのか」「職歴の空白を、どうやってごまかせばいいのか」など、バレない嘘のつき方を教えてもらいたがっているように見えた。

しかし、キャリアコンサルタントの相談員が丁寧に話を聴き、具体的なアドバイスを伝えていくうちに、彼女たちの声色は次第に明るくなっていった。

履歴書の職業欄には、当然だが、やっていないことをやったと記載してはいけない。一方で、夜職で働いていた期間の職歴を、自己PRにつなげる形で記入することはできる。

たとえば、性風俗は業務委託契約の仕事なので、「業務委託で接客の仕事をしていた」と表現することができる。SNSやブログでの発信を通してお客を集めていたのであれば、職歴欄には「顧客獲得のためのウェブマーケティング業務」と記入することもできる。

それでも夜職の経歴を「どうしても書きたくない」と訴える女性に対しては、「学生の就活などでも、一般的にアルバイトなどの職歴は省略されることが多いので、あなたの判断で省略するという選択肢もありますよ」「嘘をついたり、無理にごまかしたりする必要はありません」と伝える。

こうしたアドバイスを聞くと、皆一様に「そうだったんですね！」「知らなかったです」と、驚きの声を上げた。

さらに、これまで自覚していなかった自らの強みを、履歴書に書ける形、面接で使える形でわかりやすく言語化してもらえたことで、女性たちからは「とても勇気が湧いてきました」「これなら、自信を持って面接に行けそうです」といった感謝の言葉が返ってきた。

面談の冒頭では、「十年近く職歴のブランクがあるので、もうどうしようもない」「夜職の経験しかない自分を採用してくれる会社なんて、どこにもないに違いない」と諦めかけていた女性たちが、わずか一時間で、自らの強みを自覚し、前向きな気持ちになって、昼職に応募する勇気を持てるようになっていく。魔法を見せられているような気分になった。

相談員として女性たちをサポートしているキャリアコンサルタントの風間さん（男性・四十五歳）は、次のように語っている。


「面談では、相談者の不安に寄り添うことだけでなく、「相談者自身にどんな強みがあるのか」を探ることに力を入れています。ただ職歴の空欄を埋めるだけでなく、自己PRの作成を通じて、求職活動に前向きに取り組んでもらいたい、と考えているからです。

相談者の女性たちは、夜の世界の現場で、それぞれの強みを精一杯発揮して生き抜いています。その能力の高さや多様さには、いつも驚かされています。

例えば、人気の高い同業の女性に対するネット上の口コミを徹底的に収集して、「お客様はサービスのテクニック以上に、会話などを通じた精神的な満足感を求めている」という事実を発見する能力は、「顧客のニーズを分析する力」としてPRすることができます。

分析したニーズを踏まえて、自分のコミュニケーションスキルに磨きをかけ、接客の満足度を上げて、指名を獲得する能力は「顧客をリピートさせる力」としてPRすることができます。

これらの力を強みとして発揮できれば、どんな会社に入っても活躍できるはずです。人は皆、自分の強みを無意識のうちに発揮して、日々の課題に向き合っています。一方、無意識であるがゆえに、その強みに自分で気づくことは難しいです。

面談では、昼の世界に踏み出そうとしている女性たちの背中を押すために、自分の持っている能力や強みに気づいてもらうことに力を注いでいます。今後も、彼女たちが自分の力で、自分の望む幸せをつかむためのお手伝いをしていきたいです」

## †社会が自覚していない強みを引き出す

二〇一六年に刊行した『性風俗のいびつな現場』（ちくま新書）以来、私は約九年間にわたって、風テラスの活動をしてきた。この活動を通して、延べ一万人を超える性風俗の世界で働く女性たちの相談を受け、彼女たちの置かれている状況、その背景にある社会課題を言語化し、社会に発信する作業を弛《たゆ》まず実践してきた。

性風俗は、見えづらく、関わりづらい世界だと思われている。しかし、実際は私たちの生きている空間と地続きの世界である。普通の人たちが、ありふれた理由で、普通の仕事と同じように、働き、喜び、傷つき、悩んでいる。私たちの社会の縮図に他ならない。

それゆえに、夜の世界で起こっている大半の問題は、昼の世界の制度やサービスを活用すること、そして昼の世界での社会関係資本（人々との関係性やつながり）を築くことで、解決することができる。

夜職からの卒業、そしてセカンドキャリアの構築は、一筋縄ではいかないことも多いが、心の中にある思い込みを取り除き、自らの強みを自覚するだけで、簡単に実現できることもある。解けるはずのないように思えた難問も、既存の制度を利用するだけ、最寄りの窓口で相談するだけ、適切な人に出会うだけで、あっさり解決することもある。

脱がずに生きるために必要な力は、一人ひとりの心の中、そして私たちの社会の中に、既に備わっている。本書がその力を引き出すきっかけになり、夜の世界を卒業した女性たちが、陽の当たる世界で、自分らしい「その後」をデザインするためのツールになれば、これ以上の喜びはない。

†謝辞とメッセージ

「その後」のインタビューに快く協力してくださった十三名の女性の皆様に、改めてお礼を伝えたい。これまで言語化されてこなかった脱がずに生きるための方法を言語化し、新書という形で社会に発信することができたのは、全て皆様のおかげです。

帯に超美麗イラストを描いてくださった漫画家の東西さん、執筆を手助けしてくださった筑摩書房の橋本陽介さんと西澤祐希さん、そして仕事と執筆の同時進行で大変な時期に、精神的に支えてくれた妻と子どもたちにも、この場を借りて感謝を伝えたい。

最後に、ここまで読んでくださった夜職で働いている当事者の方へのメッセージを記して、本書を締めくくりたい。

性風俗は、脱ぐだけで稼げる「楽な仕事」と思われがちである。無論、接客の際には体力と精神力を激しく消耗するので、決して「楽な仕事」ではない。

一方で、自分には幸せになる資格がないと考えている人、生きる価値がないと感じている人にとっては、非常に「楽な仕事」である。自分を不安にさせる人や、惨めな気分にさせる出来事には事欠かない世界であるがゆえに、その気になれば、いつでも簡単に不安になることができるし、不幸な気分に浸ることもできるからだ。

不安になるのは、簡単だ。他人を疑うことも、簡単だ。自分を傷つけることも、簡単だ。自らバッドエンドを選んで不幸になることも、簡単だ。簡単すぎて、つまらない。

ここまで本書を読んでくださった当事者の方に伝えたいことは、たった一つ。不幸になることを諦めてほしい。幸せになろうとしないなんて、卑怯だ。

あなたは孤独かもしれないけれど、決して一人ぼっちではない。この事実を忘れずに、今日から、あなた自身が主役となる、新たな物語を生み出してほしい。


夜の世界を駆け抜け、生き抜いて、目指せハッピーエンド！

二〇二五年一月三十一日　　坂爪真吾

ちくま新書
1847

風俗嬢《ふうぞくじょう》のその後《ご》

二〇二五年三月一〇日　第一刷発行
二〇二五年四月一五日　第二刷発行

著　者　坂爪真吾（さかつめ・しんご）

発行者　増田健史

発行所　株式会社　筑摩書房
東京都台東区蔵前二-五-三　郵便番号一一一-八七五五
電話番号〇三-五六八七-二六〇一（代表）

装幀者　間村俊一

印刷・製本　三松堂印刷　株式会社

ISBN978-4-480-07675-5 C0236

1067
## 男子の貞操
――僕らの性は、僕らが語る
坂爪真吾
男はそんなにエロいのか？　初体験・オナニー・風俗・童貞など、様々な体験を交えながら、男の性の悩みを一刀両断する。学校では教えてくれない保健体育の教科書。

1020
## 生活保護
――知られざる恐怖の現場
今野晴貴
高まる生活保護バッシング。その現場では、いったい何が起きているのか。自殺、餓死、孤立死……。追いつめられ、命までも奪われる「恐怖の現場」の真相に迫る。

1108
## 老人喰い
――高齢者を狙う詐欺の正体
鈴木大介
オレオレ詐欺、騙り調査、やられ名簿……。平均貯蓄額2000万円の高齢者を狙った、「老人喰い＝特殊詐欺犯罪」の知られざる正体に迫る！

1125
## ルポ　母子家庭
小林美希
夫からの度重なるＤＶ、進展しない離婚調停、親子のギリギリの生活……。社会の矛盾が母と子を追い込んでいく。彼女たちの厳しい現実と生きる希望に迫る。

1242
## ＬＧＢＴを読みとく
――クィア・スタディーズ入門
森山至貴
広まりつつあるＬＧＢＴという概念。しかし、それだけでは多様な性は取りこぼされ、マイノリティに対する差別もなくならない。正確な知識を得るための教科書。

659
## 現代の貧困
――ワーキングプア／ホームレス／生活保護
岩田正美
貧困は人々の人格も、家族も、希望も、やすやすと打ち砕く。この国で今、そうした貧困に苦しむのは「不利な人々」ばかりだ。なぜ？　処方箋は？　をトータルに描く。

708
## 3年で辞めた若者はどこへ行ったのか
――アウトサイダーの時代
城繁幸
『若者はなぜ3年で辞めるのか？』で昭和的価値観に苦しむ若者を描いた著者が、辞めたアウトサイダー達の「平成的な生き方」を追跡する。

## ちくま新書

1113 日本の大課題 子どもの貧困 ——社会的養護の現場から考える 池上彰編

格差が極まるいま、家庭で育つことができない子どもが増えている。児童養護施設の現場から、子どもの貧困についての実態をレポートし、課題と展望を明快にえがく。

1114 これだけは知っておきたい 働き方の教科書 安藤至大

いま働き方の仕組みはどうなっているか？ これからどう変わり、どう備えるべきなのか？ 法律と労働経済学の見地から、働くことにまつわる根本的な疑問を解く。

1120 ルポ 居所不明児童 ——消えた子どもたち 石川結貴

貧困、虐待、家庭崩壊などが原因で、少なくはない子どもたちの所在が不明になっている。この国で社会問題化しつつある「消えた子ども」を追う驚愕のレポート。

1129 地域再生の戦略 ——「交通まちづくり」というアプローチ 宇都宮浄人

地方の衰退に伴い、鉄道やバスも消滅の危機にある。再生するためには「まち」と「公共交通」を一緒に変えるしかない。日本の最新事例をもとにその可能性を探る。

1149 心理学の名著30 サトウタツヤ

臨床や実験など様々なイメージを持たれている心理学。それを「認知」「発達」「社会」の側面から整理しなおし、古典から最新研究までを解説したブックガイド。

1153 解決！ 空き家問題 中川寛子

過剰な住宅供給のツケで、いま顕在化する空き家問題。活用を阻む4要因と、打開策とは？ 柔軟な発想で負の財産をお宝に転換。豊富な事例から活路を見いだす！

1159 がちナショナリズム ——「愛国者」たちの不安の正体 香山リカ

2002年、著者は『ぷちナショナリズム症候群』で「愛国ごっこ」に警鐘を鳴らした。あれから13年、安倍内閣、ネトウヨ、安保法改正——日本に何が起きている？

1160
あざむかれる知性
——本や論文はどこまで正しいか
村上宣寛
直感や思いつきは間違いの元。ダイエット、健康、仕事、幸福について、メタ分析を駆使した結論を紹介。ゴミ知識にまどわされず本当に有益な知識へ案内する。

1163
家族幻想
——「ひきこもり」から問う
杉山春
現代の息苦しさを象徴する「ひきこもり」。閉ざされた内奥では何が起きているのか？〈家族の絆〉という神話に巨大な疑問符をつきつける圧倒的なノンフィクション。

1164
マタハラ問題
小酒部さやか
妊娠・出産を理由に嫌がらせを受ける「マタハラ」が、いま大きな問題となっている。マタハラとは何か。その実態はどういうものか。当事者の声から本質を抉る。

1190
ふしぎな部落問題
角岡伸彦
もはや差別だけでは語りきれない。部落を特定する膨大なネット情報、過敏になりすぎる運動体、同和対策事業の死角。様々なねじれが発生する共同体の未来を探る。

1205
社会学講義
橋爪大三郎／佐藤郁哉／吉見俊哉
大澤真幸／若林幹夫／野田潤
社会学とはどういう学問なのか？　基本的な視点から説き起こし、テーマの見つけ方・深め方、フィールドワークの手法までを講義形式で丁寧に解説。入門書の決定版。

1216
モテる構造
——男と女の社会学
山田昌弘
女は女らしく、男は男らしく。こんな価値観が生き残っているのはなぜか。三つの「性別規範」が、深く感情に根ざし、男女非対称に機能している社会構造を暴く。

1226
「母と子」という病
高橋和巳
人間に最も大きな心理的影響を及ぼす存在は「母」であり、誰もが逃れられない。母を三つのタイプに分け、それぞれの子との愛着関係と、そこに潜む病を分析する。

# ちくま新書

1233
ルポ 児童相談所
——一時保護所から考える子ども支援
慎泰俊
自ら住み込み、100人以上の関係者に取材し「一時保護所」の現状を浮かび上がらせ、課題解決策を探る。若き社会起業家による、社会的養護の未来への提言。

1235
これが答えだ！ 少子化問題
赤川学
長年にわたり巨額の税金を投入しても一向に改善しない少子化問題。一体それはなぜか。少子化対策をめぐるパラドクスを明らかにし、この問題に決着をつける！

1288
これからの日本、これからの教育
前川喜平
寺脇研
二人の元文部官僚が「加計学園」問題を再検証し、生涯学習やゆとり教育、高校無償化、夜間中学など一連の改革をめぐってとことん語り合う、希望の書！

1323
朝ドラには働く女子の本音が詰まってる
矢部万紀子
女子はなぜ朝ドラに惹かれるのか。それはヒロインの人生の戦いは、すべての働く女子の戦いに重ねられるから。炸裂する女子のホンネから現代社会も見えてくる。

1324
サイコパスの真実
原田隆之
人当たりがよくて魅力的。でも、息を吐くようにウソをつく……。そんな「サイコパス」とどう付き合えばいいのか？ 犯罪心理学の知見から冷血の素顔に迫る。

1336
対人距離がわからない
——どうしてあの人はうまくいくのか？
岡田尊司
ほどよい対人距離と親密さは、幸福な人間関係を維持していくための重要な鍵だ。臨床データが教える、社会にうまく適応し、成功と幸福を手に入れる技術とは。

1338
都心集中の真実
——東京23区町丁別人口から見える問題
三浦展
大久保1丁目では20歳の87％が外国人。東雲1丁目だけで子どもが2400人増加。中央区の女性未婚者増は男性の倍。どこで誰が増えたのか、町丁別に徹底分析！

# ちくま新書

1439
痴漢外来
――性犯罪と闘う科学
原田隆之
痴漢は犯罪であり、同時にその一部は「性的依存症」という病でもある。10年以上にわたり痴漢の治療に携わってきた犯罪心理学者が、その病の実態に迫る。

1489
障害者差別を問いなおす
荒井裕樹
「差別はいけない」。でも、なぜ「いけない」のかを言葉にする時、そこには独特の難しさがある。その理由を探るため差別されてきた人々の声を拾い上げる一冊。

1547
ひとはなぜ「認められたい」のか
――承認不安を生きる知恵
山竹伸二
ひとはなぜ「認められないかもしれない」という不安を募らせるのか。承認欲求を認め、そこから自由に生きる心のあり方と、社会における相互ケアの可能性を考える。

1558
介助の仕事
――街で暮らす／を支える
立岩真也
大勢の人が介助を必要としていてもその担い手がいない。どうすればいいのか。介助の仕事のあり方から制度のことまで、利用者にとっても大事なことを語り尽くす。

1562
性風俗サバイバル
――夜の世界の緊急事態
坂爪真吾
デリヘル、ソープなど業態を問わず危機に直面した性風俗。世間からは煙たがられ、客足は遠のき、公助も望めない中、いかにしのぎ切ったのか、渾身のドキュメント。

1789
結婚の社会学
阪井裕一郎
「ふつうの結婚」なんてない。結婚の歴史を近代から振り返り、事実婚、同性パートナーシップなど、従来のモデルではとらえきれない家族のかたちを概観する。

1806
「性格が悪い」とはどういうことか
――ダークサイドの心理学
小塩真司
あなたにもある「ダークな心」、マキャベリアニズム、サイコパシー、ナルシシズム、サディズム。特性、仕事との相性、人間関係などを心理学が分析。何が問題か？

# ちくま新書

1162
## 性風俗のいびつな現場
坂爪真吾

熟女専門、激安で過激、母乳が飲めるなど、より生々しくなった性風俗。そこでは、どのような人たちが、どのような思いで働いているのか。その実態を追う。

1225
## AV出演を強要された彼女たち
宮本節子

AV出演を強要された！　そんな事件が今注目されている。本書は女性たちの支援活動をしてきた著者による初の報告書。ビジネスの裏に隠された暴力の実態に迫る。

1360
## 「身体を売る彼女たち」の事情
### ――自立と依存の性風俗
坂爪真吾

なぜ彼女たちはデリヘルやJKリフレで働くのか？　そこまでお金が必要なのか？　一度入ると抜け出しにくいグレーな業界の生の声を集め、構造を解き明かす！

1371
## アンダークラス
### ――新たな下層階級の出現
橋本健二

就業人口の15％が平均年収186万円。この階級の人々はどのように生きているのか？　若年・中年、女性、高齢者とケースにあわせ、その実態を明らかにする。

1029
## ルポ　虐待
### ――大阪二児置き去り死事件
杉山春

なぜ二人の幼児は餓死しなければならなかったのか？　現代の奈落に落ちた母子の人生を追い、女性の貧困を問うルポルタージュ。信田さよ子氏、國分功一郎氏推薦。

1640
## 日本水商売協会
### ――コロナ禍の「夜の街」を支えて
甲賀香織

新型コロナウイルス感染症の震源地として名指しされた「夜の街」。差別的扱いの実態から成長産業としての魅力まで、業界団体代表が業界の全体像を描く。

1762
## ルポ　歌舞伎町の路上売春
### ――それでも「立ちんぼ」を続ける彼女たち
春増翔太

買春客を待つ若い女性が急増したのはなぜか。当事者たちのほか、貢がせようとするホスト、彼女らを支援するNPO、警察などを多角的に取材した迫真のルポ。